한국전쟁기 북한·몽골의 문화 교류
1952년 최승희와 북한 예술단의 몽골 방문기

Солонгосын дайны үеийн БНАСАУ–БНМАУын соёлын харилцаа
1952 онд Чой Сынхи болон Умард Солонгосын урлагийн зүтгэлнүүд Монголд айлчилсан тэмдэглэл

기획

단국대학교 부설 몽골연구소

엮어 옮김

오미영 | 단국대학교 부설 몽골연구소 연구교수
샌짜르갈 | 몽골 국립중앙문서보관소 소장

감수

강준영 | 단국대학교 부설 몽골연구소 연구교수
체렌도르찌 | 몽골 과학아카데미 부원장

한국 전쟁기 북한·몽골의 문화 교류

단국대학교 몽골연구소 학술총서 1

단국대학교 부설 몽골연구소 기획

1952년 최승희와 북한 예술단의 몽골 방문기

민속원

머리말

몽골이 바라본 최승희,
최승희가 바라본 몽골

한국전쟁이 끝나지 않은 1952년 7월, 최승희와 함께 북한 예술단이 몽골을 방문한 사실은 냉전의 한가운데에서 북한과 몽골이 맺은 우호 관계를 이야기한다. 나는 당시 몽골이 바라본 최승희를 통해 이 이야기를 전하고 싶었다.

오랜 기간 한국과 몽골의 관계사를 연구해 온 나는 일제 강점기의 어둠 속에서 독립의 꿈을 품고 중국과 러시아를 넘어 내륙 깊은 몽골 땅으로 향했던 독립운동가 - 김규식, 여운형, 이태준 등의 행적을 통해 20세기 초 한·몽 교류의 역사적 흔적을 밝혀낼 수 있었다. 독립운동으로 맺어진 두 나라의 관계는 1945년 이후 해방과 남북 분열이라는 정치적 변화 속에서 사회주의 신생국으로 북한과 몽골이 새롭게 관계를 이어갔다. 그리고 그 시작점에 '조선의 무희' 최승희가 있었다.

최승희의 몽골 방문은 최근 몽골에서 발표된 글에서 몇몇 언급은 있었지만, 이에 대해 한국에서 알려진 바는 없었다. 2008년 몽골 국립대학교에서 석사 과정을 밟던 시기 몽골 문서보관소에서 우연히 북한 자료를 접하면서 북한과 몽골의 관계에 관심을 갖게 되었다. 과거 북한과 몽골의 관계가 미래 한·몽 관계 나아가 남북관계를 논의하는데 중요한 단초가 될 것이라는 생각 때문이었다.

그리하여 몽골 문서보관소의 자료를 통해 한국전쟁 시기 몽골이 북한에 대규모의 가축을 지원하고 197명의 북한 전쟁고아를 양육한 사실을 국내에 소개하였다. 그동안 북·몽 관계를 연구하면서 최승희의 몽골 방문에 대해 들은 적이 있었지만, 조선의 무용가로 세계적인 스타였던 최승희가 몽골을 방문했을 거라는 생각을 하지 못한 채 그 사실에 크게 관심을 두지 않았다.

그리고 10년이 지난 2019년 몽골에서 열린 학술대회에서 한 노학자와의 운명 같은 만남이 있었다. 당시 한국어를 유창하게 구사했던 노학자는 1984년에 주북한 몽골대사를 역임했으며, 1991년 한·몽 수교 이후 초대 주한국 몽골대사를 지냈던 우르쥔훈데브 대사였다. 당시 그는 남북한에서 몽골대사로 근무하며 얻은 경험들을 다음 세대에 전해주기 위해 자전적인 책을 막 출간하였다며 북·몽 관계를 연구하는 나에게 자신의 책을 건네주었다. 그 책에서 1952년 몽골을 방문한 최승희의 흑백 사진 한 장을 발견한 순간 이 사실에 더 이상 눈감을 수 없었다. 최승희는 몽골을 다녀갔고, 그 사실은 반드시 밝혀져야 한다는 연구자의 무거운 책임감을 느꼈다.

그리하여 몽골 국립중앙문서보관소에 남겨진 최승희의 흔적을 찾기 시작하였고 그 노력 끝에 1952년 7월 몽골 인민혁명 31주년을 축하하기 위해 북한 정부 대표단과 최승희가 이끈 북한 예술단이 몽골을 방문한 사실을 확인할 수 있었다. 그동안 세상에 공개되지 않았던 218장의 사진과 1편의 기록 영화를 발견했을 당시의 그 감격은 나의 연구 인생에서 잊지 못할 것이다.

당시 카메라의 시선은 최승희에게 맞춰져 있는 듯 기록 속의 주인공은 최승희였다. 무대 위의 공연 모습에서, 몽골 인사들과 함께한 순간 속에서도 최승희는 늘 중심에 있었다. 화려한 스타의 모습보다는 동양의 고전미가 돋보이는 중년의 최승희를 몽골의 기록에서 만날 수 있었다. 또한 소련, 중국 못지않게 몽골 내에서도 그녀에 대한 인기와 관심을 실감할 수 있었다.

발굴된 영상 자료만으로 최승희의 몽골 방문 일정을 온전히 밝히기에 어려움이 있었던 때에 몽골 국립중앙문서보관소와 공동으로 책을 출간하기로 합의하면서 처음 기획한 '몽골이 바라본 최승희의 이야기'에서 '최승희가 바라본 몽골의 이야기'까지 책에 담을 수 있게 되었다.

이후 몽골 국립중앙문서보관소 측에서 새로운 한 편의 기록 영화를 추가로 발굴하면서 그동안 의문으로 남겨진 최승희의 몽골 일정을 복원할 수 있었다. 무엇보다 한국인의 눈에는 그냥 지나칠 수 있었던 몽골의 유명 예술인과 역사적인 장소들이 새롭게 이야기될 수 있었다. 당시 몽골의 시대상을 이해하게 되면서 비로소 최승희의 몽골 방문이 북한과 몽골의 문화 교류에서 한층 빛을 발할 수 있었다.

이 책은 1950년대 월북 이후 제대로 조명 받지 못한 최승희의 삶뿐만 아니라 사회주의 시기 몽골의 정치적 격동과 산업의 발전을 이해하는 귀중한 자료집으로 활용될 것으로 본다. 그래서 한국과 몽골, 두 나라에게 도움이 될 거라는 생각에서 이 책에 한국어와 몽골어를 함께 표기하기로 했다.

또한 올해 한·몽 수교 35주년을 맞이하여 한국과 몽골의 연구자가 함께 이룬 연구 성과이기에, 이 책의 의미는 더욱 값지다고 본다.

출간까지의 길은 결코 쉽지 않았다. 최승희라는 이름이 주는 무게, 그녀를 연구하는 데 따르는 부담과 강박 속에서 수없이 망설였지만, 그 시간 동안 여러 감사한 분들의 만남과 도움이 있었기에 끝내 책을 출판할 수 있었다.

나의 몽골 연구에 길이 되신 오란고아 몽골국립대 교수님, 최승희 연구의 문을 열어 주신 우르쥐훈데브 전 몽골대사님, 몽골 연구의 진정한 동역자 벤드세한 칭기스칸연구소 연구원, 책 출판에 아낌없는 연구 지원을 해 주신 송병구 몽골연구소 소장님 그리고 감수와 번역 검토를 흔쾌히 맡아주신 체렌도르찌 몽골 과학아카데미 부원장님과 강준영 몽골연구소 연구교수에게 깊은 감사를 드린다.

또한 국외사료수집사업의 지원으로 몽골 문서보관소의 자료를 지속해서 연구할 수 있게 해준 국사편찬위원회와 기꺼이 출판을 허락해 주신 홍종화 민속원 사장님께도 진심으로 감사드린다.

마지막으로 최승희 관련 희귀 자료를 한국에서 출판할 수 있도록 도움을 준 몽골 국립중앙문서보관소 측과 고군분투하며 자료 수집부터 책 집필까지 한 호흡으로 함께 해준 샌짜르갈 몽골 국립중앙문서보관소 소장님에게 무한한 감사를 전한다.

2025년 10월

단국대학교 몽골연구소에서

ӨМНӨХ ҮГ

Монголын харсан Чой Сынхи
Чой Сынхи-гийн харсан Монгол

Энэхүү номыг бичих сэдэл нь 1952 онд Чой Сынхи[1] тэргүүтэй Умард Солонгосын урлагийн баг Монголд айлчилж, тоглолтоо хийсэн тухай Өмнөд Солонгост таниулахад оршиж байна. Тэр үеийг би Чой Сынхигээр дамжуулан Монгол болон Умард Солонгосын найрсаг харилцааны талаар Монголын талаас тодруулахыг зорьсон юм.

Би Солонгос, Монголын харилцааны түүхийг удаан хугацаанд судалсны эцэст Японы колоничлолын үед Солонгосын тусгаар тогтнолын хөдөлгөөнд оролцохоор Хятад, Оросоос цаашлаад Монгол руу явсан тусгаар тогтнолын төлөө тэмцэгч Ким Гюүшик,

1 Чой Сынхи-гийн нэрийг тухайн үеийн Монголын сонин хэвлэлд орос маягийн галигаар "Цой Сын Хи" хэмээн бичиж байжээ.

Йө Үнъхйөн, Ли Тэжүнъ нарын Монголд байсан үеийг мөшгин судалсанаар XX зууны эхэн үеийн Монгол Солонгос хоёр улсын харилцааг тодруулсан билээ.

Солонгосын тусгаар тогтнолын хөдөлгөөнөөр бий болсон хоёр талын харилцаа нь 1945 онд Солонгосыг чөлөөлж, хуваагдсан улс төрийн өөрчлөлтийн үеийн дараа БНМАУ болон БНАСАУ-ын харилцаагаар үргэлжилсэн бөгөөд үүний эхлэлийн цэгт Чой Сынхи байв.

Чой Сынхи-гийн Монголд хийсэн айлчлалын талаар Монголд хэвлэгдсэн хоёр улсын харилцааны талаарх зарим судалгаанд дурдсан байсан ч Өмнөд Солонгост энэ талаар ямар ч мэдээлэлгүй байна. 2008 онд МУИС-д магистрын зэрэг хамгаалж байхдаа Монголын архиваас анх удаа санамсаргүй байдлаар Умард Солонгостой холбоотой баримт олж, Умард Солонгос, Монголын харилцаанд анхаарлаа хандуулж эхэлсэн билээ.

Учир нь Умард Солонгос, Монгол хоёрын өмнөх үеийн харилцаа нь Өмнөд Солонгос, Монголын цаашдын харилцаа, болон Умард, Өмнөд Солонгос хоорондын харилцааны талаар хэлэлцэх чухал учиг болно гэж би бодсон юм. Тийм болохоор би Монголын архивын баримтаар дамжуулж Солонгосын дайны үед Монгол Улс Умард Солонгост их хэмжээний мал махны дэмжлэг үзүүлж, Умард Солонгосын дайны өнчин 197 хүүхдийг өсгөн хүмүүжүүлж байсныг Солонгост танилцууллаа. Би Монголд Умард Солонгосын талаар мэдээлэл цуглуулж байхдаа Чой Сынхи-гийн Монголд айлчлах талаар сонссон ч дэлхийд алдартай солонгос бүжигчин Чой Сынхи Монголд айлчилсан гэж бодоогүй байсан болохоор тэрхүү явдалд төдий л анхаарал хандуулаагүй байсан юм.

Тэгээд 10 жилийн дараа буюу 2019 онд Монголд болсон эрдэм шинжилгээний хурал дээр нэгэн монголч эрдэмтэн надад ном бэлэглэж, тэр номоос 1952 онд Монголд айлчилж байсан Чой Сынхи-гийн гэрэл зургийг олж харсан билээ.

Тухайн үед солонгос хэлээр чөлөөтэй ярьдаг ахмад эрдэмтэн бол 1984 онд Умард Солонгост Монгол Улсаас Элчин сайдаар ажиллаж байсан, 1991 онд Монгол-Солонгосын хооронд дипломат харилцаа тогтоосны дараа Монгол Улсаас БНСУ-д суух анхны Элчин сайдаар ажиллаж байсан Онц бөгөөд бүрэн эрхт Элчин сайд П.Үржинлхүндэв гуай юм.

Тэрээр Умард, Өмнөд Солонгост суугаа Монгол Улсын Элчин сайдаар ажиллаж байхдаа олж авсан туршлагаа хойч үедээ өвлүүлэн үлдээх зорилгоор намтар номоо яг тэр үед дөнгөж хэвлүүлснээ надад өгсөн хэрэг. Элчин сайд П.Үржинлхүндэв гуайтай уулзсаны дараа Чой Сынхи Монголд айлчилсан гэдэгт баттай итгэл төрж, түүнээс хойш Монгол Улсын Үндэсний Төв Архиваас Чой Сынхитэй холбоотой баримтыг өөрийн хүчин чармайлтаар судалж цуглуулсны эцэст 1952 онд Монгол Ардын хувьсгалын 31 жилийн ойд баяр хүргэхээр Умард Солонгосын Засгийн газрын төлөөлөгчид, Чой Сынхи тэргүүтэй урлагийн баг Монголд айлчилсан гэдгийг тодруулж чадав.

Урьд нь нийтэд дэлгэгдэж байгаагүй 218 гэрэл зураг агуулсан зургийн цомог болон баримтат киног олж мэдээд ямар их догдолж байснаа хэзээ ч мартахгүй байх аа. Тэр үед гэрэл зургийн аппарат Чой Сынхи рүү л чиглэж байх шиг эдгээр баримтын гол дүр нь Чой Сынхи байсан юм. Тэрээр тайзан дээрх үзүүлбэрт ч, хүмүүстэй авхуулсан гэрэл зурагт ч үргэлж гол төвд нь харагдаж байна. Тухайн үед Чой Сынхи нь ЗХУ, Хятадаас дутахгүй Монголд ч бас алдартай, анхаарал татаж байсныг мэдэрсэн билээ.

Монголд 19 өдөр саатсан Чой Сынхи-гийн айлчлалын хөтөлбөрийг зөвхөн олж авсан дүрс бичлэгт тулгуурлан бүрэн тодруулахад хүндрэлтэй байсан энэ үед Монгол Улсын Үндэсний төв архивтай хамтран ном хэвлүүлэхээр тохиролцсоноор анх төлөвлөж байсан Монголын харсан Чой Сынхи-гийн түүхээс Чой Сынхи-гийн харсан

Монголын түүхийг хүртэл энэхүү номд оруулах боломжтой болов. Үүний дараа тус архиваас нэгэн шинэ баримтат киног олсноор оньсого мэт үлдээд байсан Чой Сынхи-гийн Монголд хийсэн айлчлалын хөтөлбөрийг тодруулсон боловч хамгийн гол нь солонгосчуудын анзааралгүй өнгөрч болзошгүй Монголын алдартай уран бүтээлчид, очиж үзсэн газруудыг дахин бичих боломжтой болсон юм.

Тухайн үеийн Монголын нөхцөл байдлыг ойлгосны дараа л Чой Сынхи-гийн Монголд хийсэн айлчлал Монгол, Умард Солонгосын соёлын солилцоонд улам илүү гэрэл цацруулах боломжтой болсон билээ. Энэхүү ном нь 1950-аад онд Умард Солонгос руу гарснаас хойш сураг чимээ бага болсон Чой Сынхи-гийн амьдрал төдийгүй социализмын үеийн Монголын улс төрийн өөрчлөлт, эдийн засгийн хөгжлийг ойлгоход үнэ цэнтэй баримт хэрэглэгдэхүүн болно гэж үзэж байна. Солонгосчуудад төдийгүй монголчуудад ч тустай байх гэж бодоод энэ номыг солонгос, монгол хэлээр бичихээр шийдлээ. Түүнчлэн энэ онд тохиож буй Монгол, Солонгос хоёр улсын хооронд дипломат харилцаа тогтоосны 35 жилийн ойг тохиолдуулан Монгол, Солонгосын судлаачид хамтран судалгааны чухаг үр дүн гаргаснаараа энэхүү номын ач холбогдол нь илүү үнэ цэнтэй болно гэж үзэж байна.

Чой Сынхи-гийн судалгааг хэвлэн нийтлэхээр шийдэх гэж маш их цаг хугацаа зарцуулсан боловч энэ хугацаанд би олон хүмүүстэй уулзаж, тусламж хүртсэн билээ. Намайг Монгол судлалын замд хөтөлсөн МУИС-ийн профессор, шинжлэх ухааны доктор Ж.Урангуа, Чой Сынхи-гийн талаарх судалгааны үүдийг нээж өгсөн Монгол Улсын Онц бөгөөд бүрэн эрхт Элчин сайд П.Үржинлхүндэв, монгол судлалын хамтрагч, Чингис хааны өв соёлын хүрээлэнгийн эрдэм шинжилгээний ажилтан, доктор Х.Мэндсайхан, энэхүү номыг хэвлэхэд эрдэм шинжилгээний харамгүй дэмжлэг үзүүлсэн Монгол судлалын хүрээлэнгийн захирал Сун Бёнгү номыг хянан тохиолдуулах ажлыг дуртайяа зөвшөөрсөн Монгол Улсын ШУА-ийн дэд Ерөнхийлөгч, академич Ц.Цэрэндорж болон Монгол судлалын хүрээлэнгийн эрдэм шинжилгээний ажилтан Кан Жүнъ-йөн нарт гүн талархал илэрхийлье.

Мөн Монголын архивын баримтыг үргэлжлүүлэн судлах боломжийг олгосон Солонгосын Үндэсний түүхийн хүрээлэн (국사편찬위원회) болон "Минъсогвөнъ" хэвлэлийн газрын захирал Хон Жөнхва нарт чин сэтгэлийн талархал илэрхийлье.

Эцэст нь Чой Сынхитэй холбоотой ховор баримтуудыг Солонгост хэвлүүлэхэд туслалцаа үзүүлсэн Монгол Улсын Үндэсний төв архив болон мэдээлэл цуглуулахаас эхлээд ном бичих хүртэл хичээл зүтгэл гарган нэгэн сэтгэлээр хамтран ажилласан тус архивын захирал Т.Сайнжаргалд гүн талархал илэрхийлье.

2025 оны 10-сард
Данкүк их сургуулийн Монгол судлалын хүрээлэнд

차례

머리말 4

해제 17

몽골에서 펼쳐진 18박 19일의 일정 33

역사 속 사진에 숨겨진 이야기 37

기록 영화가 전하는 못다한 이야기 139

신문에 남겨진 기록들 203

부록 239

Гарчиг

Өмнөх үг 9

Удиртгал 25

Монголд 19 өдөр зочилсон айлчлалын хөтөлбөр 34

Гэрэл зурагт нуугдсан түүх 37

Баримтат киногоор дамжуулан өгүүлж буй дуусгаж амжаагүй түүхүүд 139

Сонинд үлдсэн тэмдэглэл 203

Хавсралт 239

일러두기

1952년 북한의 공식 국가명은 조선민주주의인민공화국이지만, 이 책에서는 북한으로 약칭한다. 또한, 당시 몽골의 공식 국가명은 몽골인민공화국이며 몽골로 약칭한다.
1952 онд Умард Солонгосын албан ёсны нэр нь Бүгд Найрамдах Ардчилсан Солонгос Ард Улс (БНАСАУ) байсан бөгөөд энэ номд "Умард Солонгос" хэмээн товчлон нэрлэв. Мөн Монгол Улсын албан ёсны нэр нь Бүгд Найрамдах Монгол Ард Улс (БНМАУ) бөгөөд тус номд "Монгол" гэж товчилсон болно.

몽골 자료에 쓰여진 북한 인명은 러시아어 발음을 차용하면서 몽골어 표기에 적지 않은 오류가 나타나기에 현재의 발음으로 수정하였다.
Монголын сонин, баримт бичигт бичсэн Умард Солонгос нэрс нь орос дуудлагыг зээлэхдээ монгол бичвэрт олон алдаатай байсан тул одоогийн дуудлагаар нь залруулсан.

해제

Удиртгал

해제

이 책은 1952년 최승희와 북한 예술단의 몽골 방문에 관한 내용을 중심으로, 그동안 일반에 공개되지 않았던 몽골 문서보관소의 자료를 소개하고 있다. 사회주의 시기 소련을 위시하여 중국, 동유럽 등 사회주의 국가에 북한 예술단이 방문한 사실들을 찾아볼 수 있지만, 몽골의 사례는 매우 이례적이다. 한국전쟁이 한창이던 시기 최승희를 필두로 한 북한 예술단이 한 국가에 단독으로 파견된 것은 몽골이 유일했기 때문이다. 이는 한국전쟁이라는 국가적 위기 속에서 북한이 몽골과의 우호 관계를 중요하게 인식하고 있었다는 것을 보여주고 있다.

자료에 따르면 한국전쟁 시기에 북한 예술단이 해외를 방문한 사례는 몽골 외에 중국과 러시아에서도 확인된다. 한국전쟁이 막바지에 이른 1953년 2월 조선철도 예술단의 중국 방문이 확인되지만, 이 방문에 최승희의 동행은 없었다. 또한 최승희를 필두로 한 방소 예술단은 한국전쟁이 일어나기 직전인 1950년 6월 초에 이루어졌으며, 1951년도에는 그해 8월에 동베를린에서 열린 제3차 세계청년학생축전에 참가한 후 체코슬로바키아, 헝가리, 루마니아, 불가리아를 순회하고 마지막으로 소련을 방문한 것이다.

1952년 몽골 방문길에 최승희가 동행한 점도 매우 흥미롭다. 최승희는 몽골을 방문하기 직전까지 중국에 체류하고 있었다. 1950년 6월 한국전쟁이 발발하고 몇 달 후 평양이 유엔군에 함락되면서 최승희는 김일성과 주은래周恩来의 배려로 중국 북경으로 피신하여 그곳에서 무용 연구를 이어갔다. 그리고 1952년 11월에 북한으로 귀환한 사실에 비춰보면 중국 체류 시기에 최승희가 몽골 방문길에 올랐다는 것을 알 수 있다. 하지만 최승희가 중국에서 몽골을 방문하게 된 배경과 당시 이동 경로에 대해 여전히 의문으로 남아있다.

북한 정부 대표단과 예술단은 1952년 7월 11일에 열리는 몽골 인민혁명 31주년 경축식에 참석하기 위해 닷새 일찍 열차를 타고 몽골에 도착했다. 몽골은 1921년 7월 11일에 소비에트군과 연합하여 니슬렐 후레Niislel khuree(오늘날의 울란바토르)를 점령한 중국군을 몰아내며 몽골 인민혁명을 성공시켰다. 이를 기념하기 위해 몽골은 매년 국가 최대의 명절인 나담Naadam 축제와 함께 거대한 경축식을 거행하였는데 여기에 해외 각국에서 축전과 축하 대표단을 보냈다. 1952년 몽골 인민혁명 31주년 경축식에는 북한 정부 대표단과 예술단이 참석하였다. 이들의 공식적인 방문 목적은 몽골 인민혁명 31주년을 축하하기 위한 것이지만, 당시 전시체제 아래에 있었던 북한은 전시외교의 한 축으로 문화교류를 추진하며, 사회주의 국가들과의 연대를 강화할 필요가 있었다.

북한과 몽골의 외교관계는 1948년 10월 15일에 공식적으로 국교가 수립되면서 시작되었다. 한 달 전에 정권을 막 수립한 북한은 대외관계의 자주성과 국제적 지위를 높이기 위해 사회주의 국가와의 외교관계 수립이 시급했다. 그리하여 소련과 최초로 외교관계를 수립하고 3일 후에 두 번째로 몽골과 외교관계를 수립했다. 사실 북한은 당시 외무상이었던 박헌영을 통해 소련과 몽골에 외교관계 수립을 위한 외교서신을 동시에 보냈는데 이에 대해 소련이 몽골보다 먼저 회답하여 소련이 북한의 첫 번째 수교국이 되었다. 당시 북한이 소련과 몽골 양국에 외교 서신을 동시에 보낸 것은 정권 수립 후 북한의 외교 활동이 소련의 주도 아래 이루어졌다기 보다는 어느

정도 자주성을 가지고 있었음을 보여준다. 그리고 북한이 소련과 대등하게 몽골과의 외교도 전략적으로 중요하게 여겼음을 확인할 수 있다.

국교 수립 후 양국은 소극적이며 제한적인 외교관계를 이어가다 한국전쟁을 계기로 돈독한 우호를 다져갔다. 한국전쟁이 일어나기 3일 전인 1950년 6월 22일에 삼보J. Sambuu를 초대 주북한 몽골대사로 파견하였고, 그 이듬해인 1951년 4월 30일에 초대 주몽골 북한대사로 김용진이 몽골에 도착했다. 이들 초대 대사는 한국전쟁 시기 양국 우호 관계에서 중추적인 역할을 했다. 한국전쟁이 일어나자 평양에 주재하던 각국 대사들이 중국으로 피신했던 것과 달리 삼보 대사는 평양에 남아 자신의 임무를 수행하며 몽골의 대북 지원을 진두지휘했다.

몽골은 한국전쟁이 일어난 그해 12월 발 빠르게 북한에 구호물자를 지원하기로 했다. 몽골 정부의 결정에 따라 군복, 신발, 육류 등의 구호물자가 북한에 지원되었고, 그 가운데 대규모의 가축 지원은 사회주의 국가 가운데 유일하게 몽골만이 할 수 있었다. 1951년 3월 몽골은 7,000여 마리의 말을 북한에 지원하였다. 당시 북한에 보낸 몽골말馬은 자동차가 다닐 수 없는 험한 산악 지역에서 무기와 식량을 수송하는 데에 큰 역할을 했다. 때로는 치열한 전선에서 말言이 없는 친구가 되어 북한군에 많은 사랑을 받기도 했다. 이러한 몽골의 대북 지원에는 몽골 인민들의 헌신적인 모금과 기부가 있었기에 가능할 수 있었다.

한국전쟁 당시 몽골 정부와 인민들이 보여준 뜨거운 지지에 대해, 북한 정부는 북한 예술단을 파견하여 깊은 감사를 전하려고 했다. 그리고 아직 끝나지 않은 전시 상황에서 북한 예술단을 통해 몽골의 지속적인 지원을 이끌어 내려는 뜻도 엿보인다. 몽골을 방문한 북한 예술단은 각지를 돌며 공연을 펼치면서, 미 제국주의에 맞서 싸우는 북한군과 인민들을 위해 보내준 가축과 성금에 대해 뜨거운 감사를 전하며 양국의 친선과 우호를 재확인하였다.

몽골 인민혁명 31주년을 맞이하여 북한은 5명으로 구성된 북한 정부 대표단과 함께 72명의 북한 예술단을 몽골에 파견하였다. 북한 정부 대표단에는 단장인 리승엽 당 중앙위원회 비서 겸 국가 검열상, 현칠종 조선농민동맹 부위원장, 박길룡 조·소 문화협회 부위원장, 리성모 외무성 출판문화부장, 최문기 국립예술극장 총장이 포함되었다. 북한 정부 대표단은 7월 11일에 열린 몽골 인민혁명 경축식에 참석한 후 시내의 산업 시설을 돌아보고 17일에 북한 예술단보다 일찍 북한으로 귀환했다.

72명의 북한 예술단은 18박 19일의 일정 동안 몽골 각지를 순회하며 18회의 공연을 성황리에 마쳤다. 당시 몽골 신문에서 확인되듯이 북한 예술단에 대한 몽골인의 관심과 반응은 매우 뜨거웠다. 북한 예술단 가운데 현재 이름이 확인되는 사람은 무용가 최승희·현정숙·손봉애, 가수 전경·유은경·리경팔·김완우·김경노·윤송남·김홍길, 작곡가 리면상, 지휘자 박광우 등이 있다. 1952년 12월 한국전쟁 시기에 최초로 북한 정부가 민족예술 발전에 기여한 예술인에게 공훈 배우 칭호를 주었는데 여기에 방몽 예술단에 포함된 최승희, 김완우, 유은경이 선정되었다.

현재 몽골 국립중앙문서보관소에는 1952년에 몽골을 방문한 최승희와 북한 예술단에 관한 사진과 기록 영화 그리고 관련 정부 문서가 남아있다. 이 기록은 그동안 공개되지 않은 희귀 자료로 1950년대 초 북한과 몽골에서 활약한 주요 정치 인사와 유명 예술인의 모습과 함께 사회주의 체제가 완성에 이르는 시기의 몽골 발전상도 생생하게 전해주고 있다.

특히 월북 이후 최승희의 활동과 모습을 전해 줄 자료가 현저히 부족한 상황에서 몽골에서 발견된 영상 자료는 1952년 최승희의 다채로운 모습을 생생히 보여주고 있다는 점에서 독보적인 사료적 가치를 지닌다. 몽골 자료에서는 그동안 잘 알려진 최승희의 역동적이고 화려한 모습보다는, 다소 인간적이며 진솔한 면모를 엿볼 수 있다. 시기가 전시 상황인 점을 고려해 그녀의 절제된 모습이 보이지만, 젊은 시절부터 즐겨했던 하이힐과 큰 핸드백, 그리고 멋스럽게 두른 두건 등의 패션 감각은 몽골 방문에서도 여전히 돋보였다.

이 책은 몽골 국립중앙문서보관소에 흩어진 자료를 재구성하여 사진, 기록 영화, 신문 자료의 세 부분으로 나누어 소개한다. 몽골 국립중앙문서보관소 산하 사진영상자료실에는 1952년 몽골을 방문한 북한 정부 대표단과 예술단의 모습이 담긴 사진 앨범이 소장되어 있다. 'No. 235'로 표기된 이 앨범은 세로 30cm, 가로 50cm의 크기에 붉은색 하드커버로 되어 있으며, 그 안에는 총 218장의 흑백 사진이 수록되어 있다. 앨범의 사진에는 설명이 없기에 당시 발행된 몽골 『우능Unen』 신문과 북한 『로동신문』 그리고 몽골 정부 문서의 내용을 대조하여 이 책의 사진에 설명을 달았다.

앨범에 수록된 사진은 시간순이 아닌 북한 정부 대표단과 예술단의 중요 활동 순으로 배열되었다. 7월 11일 몽골 인민혁명 31주년 경축식 사진을 시작으로 하여 북한 전시회 개막식, 공업 콤비나트 방문, 기차역 환영식, 국영농장에서의 공연, 북한 예술단 환송식 등의 사진이 수록되었다. 대체로 전반부에는 북한 정부 대표단의 주요 활동사진이 실렸고, 후반부에는 북한 예술단의 공연을 위주로 한 사진이 실렸다. 이 책에는 독자들의 이해를 돕기 위해 시간순으로 사진을 재배열하여 수록하였다.

기록 영화는 사진영상자료실에서 두 편이 확인되고 있다. 첫 번째 기록 영화는 〈몽골 인민혁명 31주년 축하 나담〉이라는 제목으로 북한 정부 대표단을 위주로 촬영된 38분짜리 영상물이다. 영상에는 몽골 아나운서의 해설이 덧붙여져 있지만, 음질의 상태가 좋지 않아 내용을 파악하기에는 어려움이 있다. 전반부 8분 가량은 몽골의 자연 환경과 산업 현황을 소개하고, 나머지 영상에는 북한 정부 대표단의 주요 활동 장면이 담겨있다. 주로 사진 앨범에 소개되지 않은 활동으로 울란바토르역에서 거행된 환영식, 대북 지원에 공헌한 몽골 인사에 대한 훈장 수여식, 몽골 지도자 묘소 참배, 각종 전시회 참관 등의 다양한 장면이 현장감 있게 기록되어 있다. 이는 한국전쟁 시기 북한과 몽골의 정치적 연대를 상징적으로 보여준다고 할 수 있다.

다른 한 편의 기록 영화는 〈몽골 인민혁명 31주년 북한 예술단의 축하 공연〉이라는 제목으로 주로 북한 예술단의 공연을 중심으로 촬영되었다. 상영시간 약 22분 동안 최승희의 다채로운 모습을 보여주기에 최승희의 기록 영화라고도 말할 수 있다. 전반부는 국립음악드라마극장의 전경으로 시작되며, 이어 이곳에서 열린 북·몽 예술인 연합 콘서트의 공연 실황이 전개된다. 이 콘서트는 7월 9일에 열린 것으로 추정되며, 당시 제작된 콘서트 팜플렛이 현재까지 몽골 문서보관소에 보관되어 있다. 컬러로 인쇄된 팜플렛 안에는 북·몽 예술인의 공연 프로그램이 몽골어와 러시아어로 쓰여 있다.

팜플렛의 프로그램 내용을 살펴보면 당시 북한과 몽골의 예술인이 번갈아 노래와 춤을 선보였지만, 기록 영화에서는 북한 예술단의 공연 모습만 확인된다. 기록 영화의 첫 번째 장면으로 박광우의 지휘에 혼성합창단이 '김일성 장군의 노래'를 부르는 모습이 소개되고, 이어 최승희의 '조선의 어머니' 무용극이 펼쳐진다. '조선의 어머니'는 최승희가 직접 창작한 작품으로, 한국전쟁 시기 딸 안성희가 남한 공연 중 전사했다는 소식을 듣고 그녀가 느낀 비통한 마음을 담고 있다. 다행히 안성희의 전사 소식은 오보였지만, 작품을 통해 최승희의 강한 모성애와 미군에 대한 적대감을 느낄 수 있다. 또한 딸을 잃은 어머니의 애절함과 두 주먹을 쥐고, 미군에 대적하는 최승희의 강렬한 몸짓이 매우 인상적이다. 한국전쟁 시기에 선보인 '조선의 어머니'는 평범한 어머니에서 '혁명적 여성'으로 인민들에게 애국적인 투쟁심을 고취하였다.

기록 영화의 후반부는 짜르갈란트Jargalrant 국영농장 방문과 함께 그곳에서 열린 야외공연 실황이 담겨있다. 마을에 도착해 자동차에서 내리는 북한 예술단 가운데 최승희와 삼보 초대 대사가 선두에서 환영 꽃다발을 받는 장면에서 최승희의 인기를 실감할 수 있다. 야외무대에서 펼쳐진 북한 예술단의 공연 장면에 목민들이 보내는 뜨거운 박수와 환호가 생생히 전해진다. 공연을 마친 뒤, 북한 예술단은 현지인들이 마련한 연회에서 몽골 전통 음식을 맛보고 승마를 체험하며 양국의 깊은 우호를 상징적으로 드러냈다.

마지막으로, 최승희 및 북한 예술단의 몽골 방문 사실을 보다 역사적으로 검증

하기 위해 이들의 활동이 기록된 당시 신문 기사를 통해 그 발자취를 따라가 보았다. 당시 몽골인민혁명당 기관지였던 『우능』 신문에서 몽골 방문 일정 내내 북한 예술단에 관한 기사가 실렸고, 그 가운데 당대 몽골 유명 인사들이 북한 예술단의 공연을 관람하고 쓴 소감문이 눈길을 끈다. 신문에 기고된 소감문은 당시 몽골 정부와 당 기관의 주도로 표현된 선전적 색채가 다소 느껴지지만, 동시에 최승희를 세계적 무용가로 높이 평가한 몽골 인사들의 인식을 반영하고 있다. 같은 시기 북한의 『로동신문』에서도 북한 예술단의 몽골 방문과 관련한 기사를 확인해 볼 수 있지만, 그 내용은 몽골보다 매우 소략한 편이다. 하지만 몽골 신문에서 확인이 어려웠던 북한 정부 대표단과 예술단의 구성원과 일정 내용을 북한 신문을 통해 명확히 밝힐 수 있었다.

저자 일동

Удиртгал

Энэхүү номд Чой Сынхи болон Умард Солонгосын урлагийн баг 1952 онд Монголд айлчилсан тухай урьд өмнө дэлгэгдээгүй баримт, тэрхүү айлчлалтай холбоотой Монголын архивын баримтаас танилцуулсан болно. Социализмын үед Умард Солонгосын урлагийн багууд ЗХУ, Хятад, Зүүн Европын социалист орнуудад айлчилж, тоглолтоо хийж байсан тохиолдол байдаг ч Монголын хувьд ер бусын юм. Учир нь Солонгосын дайн ид ид өрнөж байх үед Чой Сынхи тэргүүтэй Умард Солонгосын урлагийн баг илгээснийг хүлээн авсан цорын ганц улс нь Монгол байсан. Энэ нь Солонгосын дайн хэмээх улс үндэсний хямралын үед Монголтой тогтоосон найрсаг харилцаа чухал гэдгийг Умард Солонгос ойлгон ухамсарлаж байсныг харуулж байна. Баримтаас үзвэл Солонгосын дайны үеэр 1953 оны 2 дугаар сард Умард Солонгосын төмөр замын урлагийн хамтлаг Хятадад айлчилсан боловч Чой Сынхи тэдний бүрэлдэхүүнд яваагүй ажээ. Харин хүмүүсийн сайн мэддэг Умард Солонгосын урлагийн хамтлагийн ЗХУ-д хийсэн айлчлан тоглолт нь Солонгосын дайн эхлэхийн өмнөхөн буюу 1950 оны 6 дугаар сарын эхээр болсон юм. Мөн 1951 оны 11 дүгээр сард очсон бөгөөд мөн оны 8 дугаар сард Зүүн Берлинд болсон Дэлхийн залуучууд, оюутны III их наадамд Умард Солонгосын урлагийн баг оролцож, дараа нь Чехословак, Унгар, Румын, Болгарт аялан тоглолтоо хийж сүүлчийн аялалдаа гарсан нь тэр болой. Мөн Монголд айлчлахад Чой Сынхи дагалдан явсан нь бас машид сонирхолтой. Чой Сынхи Монголд айлчлах үеэрээ Хятадад хэсэг хугацаанд оршин сууж байжээ. 1950 оны 6 дугаар сард Солонгосын дайн эхэлж, хэдэн сарын дараа Пхеньян НҮБ-ын хүчинд автахад Чой Сынхи нь Ким Ирсен, Жоу Эньлай нарын тусламжтайгаар Хятадын Бээжин рүү дүрвэн тэндээ бүжгийн судалгаагаа үргэлжлүүлжээ. Тэгээд 1952 оны 11 дүгээр сард Умард Солонгост буцаж ирснийг бодоход, Чой Сынхи Хятадад байх хугацаандаа Монголд айлчилсан агаад тэрээр Умард Солонгосын төлөөлөгчдийн бүрэлдэхүүнд хэрхэн орж, Монголд орж ирсэн нь нууц хэвээр байна.

БНАСАУ-ын Засгийн газрын төлөөлөгчид, урлагийн баг 1952 оны 7 дугаар сарын 11-нд эхэлсэн Монгол Ардын хувьсгалын 31 жилийн ойн баярт оролцохоор 6-ны өдөр галт тэргээр Монголд хүрэлцэн иржээ. Тэдний айлчлалын зорилго нь Монгол Ардын хувьсгалын 31 жилийн ойг тэмдэглэхэд оролцох байсан ч тухайн үед Умард Солонгос дайны байдалтай байсан тул соёлын солилцоог дайны цагийн дипломатын нэг хэлбэр болгон хөгжүүлж, социалист орнуудтай эв нэгдлийг бэхжүүлж, дэмжлэгийг нэмэгдүүлэх шаардлагатай байв. Тэр дундаа Монгол Улс Солонгосын дайн эхэлсэн тэр жилийн 12 дугаар сард их хэмжээний адуу мал, эд барааны тусламж үзүүлж социалист ахан дүүсийн найрамдлыг бататган харуулсан улс юм. Монголын төр засаг, ард түмний энэхүү тусламж дэмжлэгийн хариуд Умард Солонгосын Засгийн газар урлагийн баг илгээж, талархал илэрхийлэх зорилготой байсныг ч мэдэж болно. Тус урлагийн багийнхан Монголд айлчлах үеэрээ орон нутагт аялан тоглолт хийж, Америкийн империализмыг эсэргүүцэн фронтод тулалдаж буй Умард Солонгосын цэрэг, ард түмэнд сайн дураараа адуу мал, хөрөнгө хандивласан монголчуудад халуун талархал илэрхийлж, хоёр орны найрамдал, найрсаг харилцааг улам батжуулжээ.

Монголчууд 1921 оны 7 дугаар сарын 11-нд Нийслэл Хүрээг чөлөөлж Ардын засгийг байгуулснаар, Ардын хувьсгал ялсан билээ. Үүнийг тэмдэглэхийн тулд Монгол Улс жил бүр улс орныхоо хамгийн том баяр болох Наадмын хамтаар томоохон баяр ёслол зохион байгуулж, дэлхийн өнцөг булан бүрээс мэндчилгээ, зочид төлөөлөгчид илгээдэг байжээ.

1952 оны Монгол Ардын хувьсгалын 31 жилийн ойг тохиолдуулан Умард Солонгосын Засгийн газар таван хүний бүрэлдэхүүнтэй төлөөлөгч, 72 хүний бүрэлдэхүүнтэй урлагийн багийг илгээжээ. Тус Засгийн газрын төлөөлөгчдийн тэргүүнээр Умард Солонгосын Хөдөлмөрийн Намын Төв Хорооны Улс төрийн Товчооны гишүүн, Намын Төв Хорооны нарийн бичгийн дарга, Улсын хянан шалгах комиссын дарга Ли Сын Ев(Ли Сын-йөб), Умард Солонгосын тариачны холбооны даргын орлогч Хен Чир Тён(Хйөнъ Чилжон), Зөвлөлт Холбоот Улстай соёлоор харилцах даргын орлогч Пак Гир Ён(Пак Гир-ён), Гадаад Явдлын Яамны Соёл, хэвлэлийн хэлтсийн даргын орлогч Ли Сен Мо(Ли Сөнмо), Улсын уран сайхны театрын дарга Цой Мун Ги (Чой Мунъги) нар оролцжээ. Засгийн газрын төлөөлөгчид 11-ний өдөр болсон Монгол ардын хувьсгалын баярт оролцож, 7 дугаар сарын 17-нд урлагийн багаас түрүүлж буцсан байна.

Монголд хүрэлцэн ирсэн Умард Солонгосын 72 хүний бүрэлдэхүүнтэй урлагийн баг 18 шөнө, 19 өдрийн турш Монголд хийсэн айлчлан тоглолтынхоо үеэр 18 удаагийн тоглолыг амжилттай хийж дуусгажээ. Монголын эх хэрэглэгдэхүүнээс үзэхэд урлагийн багийг Монголын ард түмэн маш их урам зоригтой хүлээн авч, сонирхож байсан аж. Одоогоор нэр нь тогтоогдсон хүмүүс бол бүжигчин Чой Сынхи, бүжигчин Хйөнъ Жөнсүк, хөгжмийн зохиолч Ли Мйөнъсан, удирдаач Пак Гван-ү, дуучин Жөнъ Гйөн, дуучин Юү Ынъгйөн, дуучин Ким Ванъ-ү, дуучин Ким Гйөнно, дуучин Юнъ Соннам, дуучин Ким Хонгил, дуучин Ли Гйөнпаль нар юм.

1952 оны 12 дугаар сард буюу Солонгосын дайны үеэр анх удаа үндэсний урлагийн хөгжилд хувь нэмрээ оруулсан уран бүтээлчдэд Умард Солонгосын Засгийн газраас Гавьяат жүжигчин цол олгосон агаад, тэдгээрийн дотор Монголд айлчлан тоглосон Чой Сынхи, Ким Ванъ-ү, Юү Ынъгйөн нар багтжээ.

Эдүгээ Монгол Улсын Үндэсний төв архивд 1952 оны 7 дугаар сард Монголд айлчилсан Засгийн газрын төлөөлөгчид болон Чой Сынхи тэргүүтэй урлагийн багийнхны гэрэл зураг, баримтат кино, холбогдох бусад баримт бичгүүд маш сайн хадгалагдаж байна. Эдгээр баримт нь 1950-аад оны эхэн үеийн Умард Солонгос, Монголын төрийн гол албан тушаалтнууд, уран бүтээлчдийн зургийг агуулсан, өмнө нь хэзээ ч олон нийтэд ил болж байгаагүй ховор баримтууд бөгөөд социалист тогтолцоог байгуулах эцсийн шатны Монгол Улсын хөгжлийг тод томруунаар илэрхийлжээ. Тэр дундаа Чой Сынхи-гийн Умард Солонгос руу гарсныхаа дараа явуулсан үйл ажиллагаа, дүр төрхийг илтгэх баримт ихээхэн хомс байгаа нөхцөлд Монголоос олж илрүүлсэн хэрэглэгдэхүүн нь Чой Сынхи-гийн 1952 оны өнгөлөг төрхийг харуулсан гэдгээрээ ихээхэн түүхэн үнэ цэнтэй.

Монголын архивын баримтаас бид Чой Сынхи-гийн эрч хүчтэй хөдөлгөөн, гялалзсан хувцаслалтаас арай илүү хүнлэг, шударга талыг олж харж болно. Дайны үеийн нөхцөл байдлыг харгалзан хэт гоёж гоодоогүй байдал харагдах хэдий ч, өндөр өсгийт, том гар цүнх, загварлаг ороосон ороолт зэрэг загварын мэдрэмж нь Монголд айлчлах үед ч бусдаас ялгарч байжээ.

Энэхүү номд Монгол Улсын Үндэсний Төв архивын сан хөмрөг дэх баримтыг гэрэл зураг, баримтат кино, баримт бичиг гэсэн гурван хэсэгт хуваан танилцуулж байна. Монгол Улсын Үндэсний Төв Архивын Гэрэл зураг, дуу авиа, дүрс бичлэгийн баримтын архивд хадгалагдаж буй 235 дугаартай зургийн цомогт Монголд айлчилсан Умард Солонгосын Засгийн газрын төлөөлөгчид, урлагийн багийн талаарх 218 хар цагаан гэрэл зураг багтсан байна. Цомог нь 30 см х 50 см хэмжээтэй, улаан өнгийн хатуу хавтастай, гэрэл зургийн тайлбаргүй.

Тиймээс энэ номд тухайн үед хэвлэгдсэн Монголын "Үнэн" сонин, Умард Солонгосын "Родон синъмүнъ" сонин, бусад баримт бичгүүдийн агуулгыг харьцуулан гэрэл зургийн тайлбарыг бичсэн болно. Цомогт багтсан гэрэл зургуудыг он цагийн дараалллаар биш, Умард Солонгосын Засгийн газрын төлөөлөгчид, урлагийн багийн айлчлалын чухал үйл ажиллагааны дараалллаар байрлуулсан байна. 7 дугаар сарын 11-нд болсон Монгол Ардын хувьсгалын 31 жилийн ойн баярын нээлтийн ёслолын гэрэл зургуудаар эхэлж, Умард Солонгосын үзэсгэлэнгийн нээлт, Аж үйлдвэрийн комбинатад айлчилсан, галт тэрэгний буудалд угтах ёслол, сангийн аж ахуйд хийсэн урлагийн тоглолт, Умард Солонгосын уран бүтээлчдийг үдэх ёслол гэх мэт агуулгаас бүрдэж байна. Эхний хэсэгт Засгийн газрын төлөөлөгчдийн албан ёсны үйл ажиллагааг танилцуулсан бол хоёр дахь хэсэгт урлагийн багийн тоглолт, аж үйлдвэрийн газруудад хийсэн айлчлалын гэрэл зургууд голлох ажээ. Уншигчдад ойлгомжтой байлгах үүднээс энэ номын гэрэл зургуудыг он цагийн дараалллаар байрлуулсан болно.

Баримтат киноны хувьд, Монгол Улсын Үндэсний Төв Архивд хоёр баримтат кино хадгалагдаж байна. Эхний баримтат кино нь "Монгол Ардын Хувьсгалын 31 жилийн ойн баяр наадам" нэртэй, Умард Солонгосын Засгийн газрын төлөөлөгчдийн үйл ажиллагааг голчлон харуулсан 38 минутын дүрс бичлэг юм. Эхний 8 орчим минутад Монгол орны байгаль орчин, аж үйлдвэрийн байдлыг танилцуулж, үлдсэн 30 минутад Умард Солонгосын Засгийн газрын төлөөлөгчдийн үйл ажиллагааны талаар харуулжээ. Үндсэн агуулга нь Улаанбаатар галт тэрэгний буудалд угтан авах ёслол, Монголын нам төрийн удирдагчдад одон гардуулах ёслол, Монголын удирдагчдын бунханд хүндэтгэл үзүүлэх, төрөл бүрийн үзэсгэлэн үзэх зэрэг болно. Эдгээр үйл ажиллагаа нь 235 дугаартай зургийн цомогт ороогүй бөгөөд Солонгосын дайны үеийн Умард Солонгос, Монголын улс төрийн зүтгэлтнүүд хоорондын социалист ахан дүүгийн найрамдлыг бэлгэдлийн маягаар харуулжээ.

Харин, нөгөө нэг баримтат киноны хувьд, "Монгол Ардын Хувьсгалын 31 жилийн ойн баярт оролцсон Ардчилсан Бүгд Найрамдах Солонгос Ард Улсын жүжигчдийн тоглолт" гэсэн нэрээс нь харахад Умард Солонгосын урлагийн багийн тоглолтыг голчлон хөндсөн байна. Дүрс бичлэгийн үргэлжлэх хугацаа нь 22 минут бөгөөд ерөнхийдөө Улсын Хөгжимт Драматик Театрт хийсэн тоглолт, орон нутагт хийсэн аялан тоглолт гэсэн хэсэгт хуваагдах ажээ. Энэхүү баримтат киног Чой Сынхи-гийн кино гэж нэрлэж болох агаад, учир нь энэ кинонд "Солонгос эх" жүжгийн тоглолтын хамтаар Чой Сынхи-гийн монгол хоол идэж, морь унаж байгаа үнэн төрх гарч байна.

Эцэст нь, Чой Сынхи болон урлагийн багтай холбоотой баримтууд, тухайн үеийн Монгол Улсын Гадаад Явдлын Яам, Соёлын Яамнаас бэлтгэсэн 18 шөнө 19 өдрийн нарийвчилсан хөтөлбөр зэрэг нь бүгд Монгол Улсын Үндэсний Төв архивд хадгалагдаж байна. Эдгээр баримт бичигт, өнгөтөөр хэвлэсэн Монгол болон Умард Солонгосын урлагийн багийн хамтарсан концертын товхимлын хуулбарыг хавсаргав. Тухайн үеийн МАХН-ын төв хэвлэл байсан "Үнэн" сонинд Умард Солонгосын Засгийн газрын төлөөлөгчид, урлагийн багийн Монголд хийсэн айлчлалын тухай нийтлэлүүд энэхүү айлчлаын турш нийтлэгдсэн бөгөөд эдгээрийн дотор Чой Сынхи-гийн тоглолтыг үзсэн Монголын нэрт зүтгэлтнүүдийн сэтгэгдлүүд анхаарал татаж байна. Тухайн үеийн Умард Солонгосын "Родон синъмунъ" сониноос үүнтэй холбоотой мэдээллийг үзэж болох хэдий ч, тэдгээрийн агуулга нь Монголын сонин хэвлэлд гарсантай харьцуулахад богино бөгөөд товчхон байх ажээ.

Зохиогчид

Улаанбаатар-Чөнань

2025 оны 10-сард

• 몽골에서 펼쳐진 18박 19일의 일정

7월 6일	북한 정부 대표단과 예술단이 울란바토르에 도착
7월 7일	울란바토르 시내 구경, 몽골 국립대학교 방문, 외무부 장관 주최 환영 만찬 참석
7월 8일	박물관 관람, 국립음악드라마극장에서 양국 정치인과 예술인 간의 만남, 북한 영화 관람
7월 9일	훈장 수여식 참석, 몽골 지도자 수흐바타르와 초이발산의 묘역 참배, 국립음악드라마극장에서 북한 예술단 공연
7월 10일	몽골 인민혁명 31주년 경축 대회 참석
7월 11일	몽골 인민혁명 31주년 경축식, 북한 전시회, 경축 만찬 참석
7월 12일	나담 광장에서 북한 예술단이 공연, 몽골 농축산업부 전시회 관람, 나담 경기장에서 몽골 전통 씨름과 말경주를 관람, 국립음악드라마극장에서 '행복의 길' 오페라 관람
7월 13일	몽골 씨름과 활쏘기 관람, 나담 폐막식에 참석하고 공연
7월 14일	확인 안됨
7월 15일	육류 콤비나트와 공업 콤비나트를 견학하고 공연, 주몽골 북한대사관 주최 북한 정부 대표단의 환송 만찬 참석
7월 16일	몽골 총리 주최 북한 정부 대표단의 환송 만찬 참석
7월 17일	북한 정부 대표단이 비행기로 귀국
7월 18일	짜르갈란트(Jargalant) 국영농장 방문
7월 19일	말 농장 방문하고 승마 체험
7월 20일	터브 아이막의 잠트(Zamt) 협동조합을 방문하고 공연
7월 21일	바얀-얼지트(Bayan-Ulziit)의 우유 공장 방문
7월 22일	바이오 콤비나트 방문
7월 23일	샤랍(Sharav) 몽골 부총리 주최 북한 예술단의 환송 만찬 참석
7월 24일	북한 예술단이 울란바토르역에서 기차로 귀국

• Монголд 18 хоног 19 өдөр зочилсон айлчлалын хөтөлбөр

7 сарын 6	Умард Солонгосын Засгийн газрын төлөөлөгчид болон урлагийн зүтгэлтнүүд Улаанбаатар хотод хүрэлцэн ирэв.
7 сарын 7	Улаанбаатар хоттой танилцах аялал хийв. Урлагийн зүтгэлтэнүүд Улсын их сургуультай танилцаж, тус сургуулийн хүндэтгэлийн дэвтэрт дурсгалын үг бичив. Гадаад харилцааны сайдын хүндэтгэлийн хүлээн авалтад оролцов.
7 сарын 8	Хувьсгалын музей, Орон нутаг судлах музей, Шашны музей зэрэг музей үзэв. Улаанбаатар хотын төв музейд зочилсны дараа Улсын Хөгжимт Драматик Театрт хоёр улсын улс төрийн болон урлагийн зүтгэлтнүүд уулзалт хийж, Умард Солонгосын тухай кино үзэв.
7 сарын 9	Ардын Их хурлын танхимд Умард Солонгосын Засгийн газрын төлөөлөгчид Монголын нам, төрийн зүтгэлтнүүдэд одон медаль гардуулав. Монголын нам төрийн зүтгэлтэн Д.Сүхбаатар, Х.Чойбалсан нарын бунханд цэцэг өргөв. Умард Солонгосын урлагийн зүтгэлтнүүд Улсын Хөгжимт Драматик Театрт тоглолт хийв.
7 сарын 10	Ардын хувьсгалын 31 жилийн ойн баярын хүндэтгэлийн хуралдаанд оролцож, баярын туг гардуулав.
7 сарын 11	Сүхбаатарын талбайд болсон жагсаал ёслол, наадмын нээлтийн үйл ажиллагаанд оролцож, үзэсгэлэнгийн нээлт хийсэн болон цуглаанд оролцов. Ардын хувьсгалын 31 жилийн ойн хүндэтгэлийн цайллага Ерөнхий сайдын хүлээн авалтад оролцов.
7 сарын 12	Умард Солонгосын урлагийн зүтгэлтнүүд наадмын талбайд тоглолт хийв. Цэнгэлдэх хүрээлэнд монгол үндэсний бөхийн барилдаан, хурдан морины уралдаан үзэв. Наадмын талбайд Хөдөө аж ахуйн болон Холбооны яамны үзэсгэлэнг үзэж сонирхов. “Жаргалын зам” дуурь үзэв.
7 сарын 13	Бөх, сур харваа үзэв. Умард Солонгосын урлагийн зүтгэлтнүүд тоглолт хийж, наадмын хаалтын ажиллагаанд оролцов.
7 сарын 14	Тусгай хөтөлбөр батлагдаагүй.

7 сарын 15	Мах комбинаттай танилцаж, тоглолт хийсний дараа Чой Мүнъги Солонгосын ард түмэнд тусалсанд нь үйлдвэрийн ажилчдад талархаж үг хэлэв. Аж үйлдвэрийн комбинаттай танилцаж, тоглолт хийв. Элчин сайдын яамны байранд Солонгосын Засгийн газрын төлөөлөгчдөд зориулсан хүлээн авалт хийв.
7 сарын 16	Ерөнхий сайдаас Умард Солонгосын Засгийн газрын төлөөлөгчдийг буцахад зориулж Гадаад Явдлын Яамны байранд хүлээн авалт хийв.
7 сарын 17	Умард Солонгосын Засгийн газрын төлөөлөгчид Улаанбаатараас нисэв.
7 сарын 18	Жаргалантын сангийн аж ахуйд зочлов.
7 сарын 19	Морины заводтой танилцаж, морь унав.
7 сарын 20	Төв аймгийн Замт дахь Ардын үйлдвэрлэлийн нэгдэлд очиж, тоглолт хийв.
7 сарын 21	Баян-Өлзийт суманд Сүүний үйлдвэртэй танилцав.
7 сарын 22	Биокомбинаттай танилцав.
7 сарын 23	Элчин сайд Ким Ёнжинъ болон Умард Солонгосын урлагийн зүтгэлтнүүдийг БНМАУ-ын Ерөнхий сайдын орлогч Шарав хүлээн авч, хүндэтгэлийн зоог барив.
7 сарын 24	Умард Солонгосын урлагийн зүтгэлтнүүд Улаанбаатар өртөөнөөс галт тэргээр нутаг буцав.

역사 속 사진에 숨겨진 이야기

Түүхэн гэрэл зурагт нуугдсан түүх

1. 북한 대표단의 환영식 : 중하라역[1]과 울란바토르역

Умард Солонгосын төлөөлөгчдийг хил дээр угтан авах ёслол : Зүүнхараа өртөө, Улаанбаатар өртөө

•
북한 대표단이 탄 열차가 중하라(Zuunkharaa)역으로 들어오고 있다.
Умард Солонгосын төлөөлөгчдийг тээвэрлэж явсан галт тэрэг Зүүнхараа өртөөнд орж ирж байна.

---

1 중하라역은 몽골과 러시아를 잇는 열차의 경유역이다. 당시 열차를 타고 소련를 경유해 몽골에 온 북한 대표단은 중하라역에서 몽골 인사들을 만나 첫 번째 환영식을 갖고 이후 울란바토르역에 도착했다.『로동신문』에서는 몽골의 당과 정부 인사들이 국경 도시 수흐바타르(Sukhbaatar)에서 북한 대표단을 맞이했다라고 기록하고 있으나, 이에 대한 내용은 몽골 측 자료에서 확인되지 않는다.

Зүүнхараа өртөө нь Монгол, Оросыг холбосон төмөр замын транзит өртөө бөгөөд тухайн үед ЗХУ-аас Монгол руу галт тэргээр ирсэн Умард Солонгосын төлөөлөгчдийг Зүүнхараа өртөөнд Монголын албаны хүмүүс анх угтан авч дараа нь Улаанбаатар өртөөнд ирсэн бололтой. Монголын нам, засгийн газрын төлөөлөгчид Умард Солонгосын төлөөлөгчдийг хилийн Сүхбаатар хотод угтан авсан тухай Родун Синмун сонин мэдээлэв.

열차에서 내리는 북한 정부 대표단.
Умард Солонгосын Засгийн газрын төлөөлөгчид галт тэрэгнээс бууж байна.

중하라역에 모여든 환영 인파.
Зүүнхараа өртөөнд олон хүн цугларч угтан авав.

환영 인파 속 북한 예술단의 남성 단원들.
Умард Солонгосын эрэгтэй жүжигчид угтан авсан хүмүүсийн дунд байгаа нь.

북한 예술단의 여성 단원들.
Умард Солонгосын эмэгтэй жүжигчид.

기차역 앞에서 환영 꽃다발을 받고 있는 북한의 정부 대표단과 예술단.

Умард Солонгосын төлөөлөгчид болон урлагийн зүтгэлтнүүдийг галт тэрэгний буудал дээр цэцгийн баглаатай хүүхдүүд угтан хүлээн авч байна.

화동에게 꽃다발을 받고 있는 작곡가 리면상.

Хөгжмийн зохиолч Ли Мйөнъсан бяцхан хүүхдээс баглаа цэцэг хүлээн авч байна.

울란바토르역에서 북한 대표단의 환영식이 개최되었다.
Улаанбаатар галт тэрэгний буудалд Умард Солонгосын төлөөлөгчдийг угтан авах ёслол болов.

리승엽[2]과 수렌짭.
Ли Сын-йөб, Ч.Сүрэнжав.

2 리승엽(李承燁, 1905~1956)은 북한 정부 대표단의 단장으로 조선노동당 정치위원회 정치국 위원, 당 중앙위원회 비서, 국가 검열상을 지냈다.
Ли Сын-йөб(1905~1956) нь АБНСАУ-ын Хөдөлмөрийн Намын Төв Хорооны Улс төрийн Товчооны гишүүн, Намын Төв Хорооны нарийн бичгийн дарга, Улсын хянан шалгах комиссын дарга. Монголд айлчлах үеэрээ Умард Солонгосын Засгийн газрын төлөөлөгчдийн тэргүүнээр ажилласан юм.

•
연설문을 읽고 있는 박길룡[3].
Үг хэлж байгаа Пак Гир-ён.

3 박길룡(朴吉龍, 1920~1997)은 소련파 출신으로 해방 후 1952년까지 조·소 문화협회 부위원장을 맡으며 김일성의 통역을 담당했다. 이후 체코슬로바키아, 동독의 북한대사로 활동했으며 1959년 소련으로 망명하여 소련과학 아카데미 동방학 연구소에서 근무하였다.

Пак Гир-ён(1920~1997) нь ЗХУ-ын бүлгийн гишүүний хувьд 1952 он хүртэл Зөвлөлт Холбоот Улстай соёлоор харилцах Солонгосын нийгэмлэгийн даргын орлогчоор ажиллаж, Ким Ир Сений хэлмэрчийг хариуцаж байжээ. Дараа нь БНАСАУ-аас Чехословак, Зүүн Германд элчин сайдаар ажиллаж байгаад 1959 онд ЗХУ-д дүрвэн ЗХУ-ын ШУА-ийн Дорно дахины судлалын хүрээлэнд ажиллаж байжээ.

•

북한 무용가 최승희와 몽골 인민배우 촉졸마(왼쪽 세번째)[4] 그리고 가장 오른쪽에 이친호를로[5].

Умард Солонгосын алдарт жүжигчин Чой Сынхи, Монголын алдарт жүжигчин Л.Цогзолмаа болон баруун захад Д.Ичинхорлоо нар.

---

4 롭산짬츠 촉졸마(L. Tsogzolmaa, 1924~현재)는 20세기 몽골을 대표하는 음악가, 가수, 여배우이며 2024년 100세를 맞이했다.

Лувсанжамцын Цогзолмаа 1924 онд төрсөн. 2024 онд 100 насны ойгоо тэмдэглэв. Монголын XX зууны манлай сайхан эмэгтэй, хөгжимчин, дуучин, жүжигчин.

5 다쉬제웩 이친호를로(D. Ichinkhorloo, 1910~1972)는 몽골의 유명 영화 배우이며 1951년에 인민배우 칭호를 받았다.

Дашзэвэгийн Ичинхорлоо(1910~1972) Монголын тайз, дэлгэцийн нэрт жүжигчин, 1951 онд Ардын Жүжигчин цолоор шагнажээ.

2. 몽골 인민혁명 31주년 경축식

Монгол Ардын Хувьсгалын 31 жилийн ойн баярын нээлт

몽골 인민혁명 31주년을 기념하는 경축 퍼레이드가 수흐바타르 광장에서 열렸고, 몽골 정부 인사와 해외 귀빈들이 자리를 함께 했다.

Монгол Ардын хувьсгалын 31 жилийн ойн баярын жагсаалын ёслол Сүхбаатарын талбайд болов. Жагсаалын ёслолд Монголын төр засгийн тэргүүнүүд болон гадаадын хүндэт зочид төлөөлөгчид оролцов.

몽골 인민혁명 31주년 경축사를 하고 있는 체덴발[6] 총리(가운데).

Ерөнхий сайд Ю.Цэдэнбал Ардын хувьсгалын 31 жилийн ойн баярын жагсаалын ёслолыг нээж үг хэлж, Умард Солонгосын төлөөлөгчдөд баяр хүргэв.

6 욤짜 체덴발(Yu. Tsedenbal, 1916~1991)은 1952~1984년 동안 몽골인민공화국의 원수이자 내각 수상을 역임한 몽골의 정치 지도자였다.

Юмжаагийн Цэдэнбал(1916~1991) нь 1952~1984 онд БНМАУ-ын Ерөнхий сайд, төрийн тэргүүний алба хашиж БНМАУ-ыг удирдаж байсан улс төрийн зүтгэлтэн байв.

체덴발의 왼쪽으로 몽골에 파견된 각국 대사들이 자리했다. 가장 왼쪽부터 김용진 북한대사, 지야타이(吉雅泰) 중국대사, 르함수렌(N. Lkhamsuren) 외무부 장관, 이반니코프(G. I. Ivannikov) 소련대사.

Ю.Цэдэнбалын зүүн гар талд БНМАУ-д суугаа Онц бөгөөд Бүрэн эрхт Элчин сайд нар зогсож байна. БНАСАУ-аас БНМАУ-д суугаа Онц бөгөөд Бүрэн эрхт Элчин сайд Ким Ёнжинъ, БНХАУ-аас БНМАУ-д суугаа Онц бөгөөд Бүрэн эрхт Элчин сайд Заяатай (吉雅泰), Гадаад явдлын (яамны) сайд Н.Лхамсүрэн, ЗХУ-аас БНМАУ-д суугаа Онц бөгөөд Бүрэн эрхт Элчин сайд Г.И.Иванников.

체덴발의 오른쪽으로 봄첸드[7], 리승엽, 담바[8], 수렌짭[9], 현칠종[10].
Ю.Цэдэнбалын баруун гар талд Г.Бумцэнд, Ли Сын-йөб, Д.Дамба, Ч.Сүрэнжав, Хйөнъ Чилжон.

---

7 곤칙 봄첸드(G. Bumtsend, 1881~1953)는 몽골인민공화국 대회의 상임위원장을 지냈다.
Гончигийн Бумцэнд(1881~1953) нь БНМАУ-ын Их Хурлын Тэргүүлэгчдийн дарга байсан.

8 다쉬 담바(D. Damba, 1908~1993)는 1945~1959년에 몽골인민혁명당 중앙위원회 비서, 몽골인민공화국 인민대회의 초대 의장, 인민대회의 상임위원으로 활동했다. 1952년에는 '북한 인민 원조위원회' 위원장을 지냈다.
Дашийн Дамба(1908~1993) нь 1945-1959 онд МАХН-ын Төв Хорооны нарийн бичгийн дарга, БНМАУ-ын анхны Ардын Их Хурлын дарга, АИХ-ын Тэргүүлэгч гишүүн зэрэг албыг хашиж байсан. 1952 онд Солонгосын ард түмэнд тусламж үзүүлэх хорооны тэргүүн байсан.

9 치메드도르찌 수렌짭(Ch. Surenjav, 1918~1998)은 1945~1959년에 몽골인민공화국 부수상, 몽골인민당 중앙위원회 정치국 위원을 지냈다.
Чимэддоржийн Сүрэнжав(1918~1998) нь 1945-1959 онд БНМАУ-ын Ерөнхий сайдын орлогч, МАХН-ын Төв Хорооны Улс төрийн товчооны гишүүнээр ажиллаж байсан.

10 현칠종(玄七鍾, 1898~미상)은 조선농민동맹 부위원장이었으며 1957년 최고 인민회의 상임위원회 부위원장을 지냈다.
Хйөнъ Чилжон(1898~үл мэдэгдэх) нь Солонгосын тариачны холбооны даргын орлогч байсан.

몽골군 열병식에서 국방부 장관인 바타(S. Bataa) 중장과 책임자인 촉(B. Tsog) 소장이 사열받고, 장병과 장교들이 축하하며 “만세”를 외쳤다.

БНМАУ-ын Батлан хамгаалах яамны сайд, дэслэгч генерал С.Батаа, цэргийн жагсаал ёслолыг командалсан хошууч генерал Б.Цогоос рапорт хүлээн аваад цэрэг офицер генералуудыг ёслон мэндэлж баяр хүргэхэд “Ура” хэмээн хашгирав.

체덴발의 연설이 끝나자 "만세"구호와 함께 합동 군악대의 연주와 몽골 국가가 울려 펴졌다.

Ю.Цэдэнбалыг үг хэлж дууссаны дараа "Ура" хэмээн цуурайтаж, Цэргийн нэгдсэн хөгжим тоглож, Монголын төрийн дуулал эгшиглэж, ёслолын их бууны буудлага хийв.

예포 발사와 함께 몽골군의 행진이 시작되었다. 육군사관생도, 수흐바타르군사대학 생도, 탱크와 무기들의 행렬이 이어졌고, 상공에는 축하 비행기가 날았다.

Ёслолын буудлагын дараа Монгол Ардын хувьсгалт цэргийн парад эхэлж, цэргийн ерөнхий сургуулийн сурагчид, Сүхбаатарын нэрэмжит цэргийн сургуулийнхан марш алхаж, танк их буунуудыг үзүүлэв. Талбай дээгүүр нисэх онгоцны эскадрилын онгоцнууд нисэв.

행진 음악이 울려퍼지자 기병대의 행진이 이어졌다.[11]
Морин цэргийн марш хөгжим эгшиглэж, Ардын хувьсгалт цэргийн алдарт морин цэрэг талбайд жагсав.

11 몽골은 한국전쟁 중인 1951년에 말 7,378마리를 북한에 원조한 바 있다. 만주리역에서 몽골 측 위원장인 람짜브(B. Lamzav) 부총리가 북한 측 위원장인 홍명희 부수상에게 몽골 말을 인계하였다.
Солонгосын дайнд Монголын ард түмэн 1951 онд 7.378 бэлэглэсэн бөгөөд тэдгээрийг Монголын талын комиссыг Ерөнхий сайдын орлогч Б.Ламжзав, Солонгосын талын комиссыг Сайд нарын зөвлөлийн орлогч дарга Хон Мйөнхи-д Манжуурын төмөр замын өртөөн дээр хүлээлгэн өгсөн билээ.

울란바토르시 전역에서 온 노동자들이 사회주의 혁명 지도자들의 초상화를 들고 행렬에 참여했다.
Хөдөлмөрчдийн жагсаал эхэлж, Улаанбаатар хотын бүх хороодын ард түмэн социалист хувьсгалын удирдагчдын хөргийг барин жагсжээ.

레닌과 스탈린의 대형 초상화 뒤로 몽골인민혁명 지도자 수흐바타르[12]와 초이발산[13]의 초상화를 든 행렬이 이어졌다. 행렬단은 북한 대표단에 감사를 전했다.

Жагсаалд оролцогчид Ленин, Сталины том хөргийн араас Монгол Ардын хувьсалын удирдагч Д.Сүхбаатар, Х.Чойбалсан нарын хөргийг өргөж жагслаа. Жагсагчид Солонгосын төлөөлөгчдөд баяр хүргэж явав.

---

12 담딩 수흐바타르(D. Sukhbaatar, 1893~1923)는 몽골인민당과 국가 수립에 참여한 정치가이다. 몽골인민정부의 국방부 장관과 총사령관을 역임하였고 그의 이름을 따서 중앙 광장은 수흐바타르 광장이라고 명명하였다.
Дамдины Сүхбаатар(1893~1923) бол Монголын ардын нам, төрийг үүсгэн байгуулагчдын нэг, төрийн зүтгэлтэн. Ардын засгийн газрын Цэргийн яамны сайд, Бүх цэргийн жанжны алба хашиж байсан. Улаанбаатар хотын төв талбайг түүний нэрээр нэрлэсэн.

13 허를러 초이발산(Kh. Choibalsan, 1895~1952)은 1924~1952년 동안 총사령관, 국가소회의 의장, 외무부 장관, 농축산업부 장관, 몽골인민공화국 총리를 역임하였다.
Хорлоогийн Чойбалсан(1895~1952) нь 1924~1952 онд Бүх цэргийн жанжин, Улсын Бага Хурлын дарга, Гадаад яамны сайд, Мал тариалангийн яамны сайд, БНМАУ-ын Ерөнхий сайдын алба хашиж байв.

군중들은 몽골어, 러시아어, 중국어, 조선어, 스페인어, 프랑스어, 영어 등 각국 언어로 "평화"라고 쓴 플래카드를 들었고, 시내에 있는 공장, 건설, 운송, 공공기관, 학교의 근로자들이 행사에 참석했다.

Жагсаалд оролцогчид монгол, орос, хятад, солонгос, испани, франц, англи зэрэг олон хэлээр "Энх тайван" гэсэн үгийг бичсэн дарцаг барьж, нийслэлийн завод, фабрик, барилга, тээвэр олон нийтийн байгууллагууд, сургуулийнхан өргөн оролцов.

알타이 호텔[14] 앞으로 퍼레이드가 지나가고 있다. 알타이 호텔은 몽골 최초의 호텔로, 당시 몽골을 방문한 북한 대표단과 예술단이 이곳에 숙박하였다.

"Алтай" зочид буудлын урдуур жагсагчид өнгөрч байна. Тус зочид буудалд Умард Солонгосын төлөөлөгчид байрлаж байв.

14 알타이 호텔은 1946년에 공사가 시작되어 1948년 7월 7일에 완공되었다. 당시 건설 공사에 200명의 일본인 전쟁 포로가 동원되었다. 170여 개의 침대를 갖추고 1961년까지 호텔로 사용되다가 1964년부터 2024년까지 울란바토르시의 행정기관으로 사용되었다.

"Алтай" зочид буудал нь Улаанбаатар хотын анхны зочид буудал бөгөөд 1946 онд барилгын суурийг тавьж, 1948 оны долдугаар сарын 7-нд ашиглалтад оруулсан. Тус барилгыг барихад 200 орчим японы олзлогдогсон цэргүүд дайчлагдан оролцжээ. Зочид буудлын зориулалтаар баригдсан тус барилгад 1961 он хүртэл Монголын анхны 170 ортой "Алтай" зочид буудал байрлаж байв. 1964-2024 онд Улаанбаатар хотын захиргаа байрлаж байв.

북한 예술단의 행진. 최승희의 왼쪽으로 작곡가 리면상, 지휘자 박광우가 나란히 입장하고 있다.

Умард Солонгосын урлагийн зүтгэлтнүүд талбайд ирж байна. Жүжигчин Чой Сынхи-гийн баруун гар талд хөгжмийн зохиолч Ли Мйөнъсан, удирдаач Пак Гван-ү нар зэрэгцэн орж байна.

몽골 인민혁명 31주년 경축 퍼레이드를 지켜보는 북한 예술단. 최승희와 박광우의 왼쪽 가슴에 달린 훈장이 눈에 띈다.

Монгол Ардын хувьсгалын 31 жилийн ойн баярын жагсаалыг үзэж буй Умард Солонгосын урлагийн зүтгэлтнүүд болох Чой Сынхи, Пак Гван-ү нарын энгэрт зүүсэн одон медалиуд нь анхаарал татах ажээ.

몽골 아이를 안고 있는 최승희.
Жүжигчин Чой Сынхи монгол хүүтэй хамт.

3. 북한 전시회 개막식

Солонгосын үзэсгэлэнгийн нээлтийн ёслол

나담 광장에서 '북한 인민의 용감한 투쟁'이라는 주제로 북한 전시회가 개막되었으며, 이 자리에서 봄첸드 국가 대회의 상임위원장이 축사를 전했다.

Наадмын талбайд "Солонгосын ард түмний баатарлаг тэмцэл" сэдэвт үзэсгэлэн нээв. Үзэсгэлэнг нээж Улсын Бага хурлын тэргүүлэгчдийн дарга Г.Бумцэнд баяр хүргэж үг хэлэв.

•

개막식에 앞서 공개 회의가 열렸다. 이 회의에 체덴발과 봄첸드 등 몽골의 당과 정부 인사, 북한의 정부 대표단과 예술단, 각국의 주몽골대사들이 참석했다. 몽·소 문화교류 몽골협회 조직국장 두게르수렌 (L. Dugersuren)이 개회사를 하자 단상 아래에서 최승희와 북한 예술단이 경청하고 있다.

Үзэсгэлэнг нээхийн өмнө нийтийн цуглаан болов. Тус цуглаанд Цэдэнбал, Бумцэнд тэргүүтэй Монголын нам засгийн удирдагчид, Умард Солонгосын Засгийн газрын болон урлагийн төлөөлөгчид, Монголд суугаа Онц бөгөөд Бүрэн эрхт Элчин сайдууд оролцов. Цуглааныг Зөвлөлт Холбоот Улстай соёлоор харилцах Монголын нийгэмлэгийн зохион байгуулах товчооны дарга Л.Дүгэрсүрэн нээв. Цуглааныг үзэж байгаа Чой Сынхи болон Умард Солонгосын урлагийн зүтгэлтнүүд.

전시회 개막식이 시작될 무렵 약간의 비가 내려 김용진 북한대사의 양복이 비에 젖었다.
Үзэсгэлэнгийн нээлтийн ёслол эхлэх үед бага зэргийн бороо орж, Умард Солонгосын Элчин сайд Ким Ёнжиний костюм бороонд норсон байна.

개회사를 읽고 있는 리승엽.
Ли Сын-йөб үзэсгэлэнгийн нээлтэд үг хэлж байна.

1952년 1월에 원조 물자를 전달하기 위해 북한을 방문했던 담바(D. Damba) 몽골대표단 단장이 연설문을 읽고 있다.

Улс төрийн товчооны гишүүн, МАХН-ын Төв хорооны нарийн бичгийн дарга Д.Дамба үг хэлж байна.

북한 전시회를 관람한 북한 예술단. 당시 나담을 보러 온 많은 몽골 시민들도 전시회를 관람했다.

Умард Солонгосын үзэсгэлэнгийн танхимын өмнөх талбайд тус улсын урлагийн зүтгэлтнүүд байв. Үзэсгэлэнг наадамчин олон үзэв.

북한 전시회를 관람하고 몽골 농축산업부의 전시장으로 이동하고 있다.

Умард Солонгосын үзэсгэлэнг нээсний дараа зочид төлөөлөгчид Хөдөө Аж Ахуйн Яамны үзэсгэлэнгийн танхим руу хөдөлж байна.

체덴발과 봄첸드의 뒤를 따라 이동하고 있는 북한 정부 대표단.
Ю.Цэдэнбал, Г.Бумцэнд нарын ар талд Умард Солонгосын төлөөлөгчид явж байна.

4. 공업 콤비나트 방문

Аж үйлдвэрийн комбинатад зочилсон нь

연설문을 읽고 있는 리승엽.

Ли Сын-йөб үг хэлэв.

육류 콤비나트의 근로자가 연설문을 읽고 있다. 당시 육류 콤비나트와 의류 공장의 근로자들은 북한 인민에게 자발적으로 원조 물자를 지원하기 위해 휴일없이 초과 근무하며 1~3일치의 급여를 기부했다.

Мах комбинатын ажилчин үг хэлэв. Мах комбинат болон оёдлын үйлдвэрийн ажилчид Солонгосын ард түмэнд үзүүлэх сайн дурын тусламжид төлөвлөгөө нормоо давуулан биелүүлж, илүү цаг, ээлжийн амралт, амралтын өдрүүдээр ажиллаж 1-3 өдрийн цалингаа хандивлах зэргээр Солонгосын ард түмэнд туслах хөдөлгөөн өрнүүлж байв.

•

리승엽과 조·소 문화협회 부위원장 박길룡이 이야기를 나누고 있다.

Ли Сын-йөб, Зөвлөлт Холбоот Улстай соёлоор харилцах Солонгосын нийгэмлэгийн даргын орлогч нөхөр Пак Гир-ён нар ярилцаж байна.

공업 콤비나트 근로자들이 작업복을 입은 채 연설문을 경청하고 있다.
Ажил үйлдвэрийн комбинатын ажилчид ажлын хувцастай илтгэлийг сонсож байна.

공업 콤비나트 근로자들이 '평화!' 라고 쓴 플래카드를 들고 북한 대표단을 맞이하고 있다.

Умард Солонгосын төлөөлөгчдийг Аж үйлдвэрийн комбинатын ажилчид "Энх тайван!" гэсэн бичигтэй лоозон барьж угтлаа.

5. 축기 증정식

Туг гардуулах ёслол

•

몽골 예술집행위원회 위원장 볼드(J. Bold)와 평양국립예술극장 총장 최문기가 축기를 증정하고 있다.

Монголын Урлагийн Хэрэг Эрхлэх Хорооны дарга Ж.Болд, Пхеньяны Улсын уран сайхны театрын дарга Чой Мүнъги нар туг гардуулж байна.

연설문을 읽고 있는 최문기.
Чой Мүнъги туг гардуулахад үг хэлэв.

축기 증정식에 작곡가 리면상, 북한대사 김용진, 최승희, 유은경이 자리했다.

Туг гардуулах ёслолд хөгжмийн зохиолч Ли Мйөнъсан, Умард Солонгосын Элчин сайд Ким Ёнжинъ, Чой Сынхи, Юү Ынъгйөн нар оролцов.

축기 증정식에 참석한 몽골 예술인들.

Туг гардуулах ёслолд Монголын уран бүтээлчид оролцож байна.

6. 짜르갈란트 국영농장 방문

Жаргалантын сангийн аж ахуйд айлчилсан нь

차에서 내린 최승희와 외무부 차관 삼보[15]를 환영하고 있는 짜르갈란트 현지인들. 삼보는 1950년 5월 23일 초대 주북한 몽골대사로 임명되어 한국 전쟁 시기 북한과 몽골의 우호 관계에 주요한 역할을 했다.

Чой Сынхи, Гадаад яамны орлогч сайд Ж.Самбуу нарыг унаанаас буухад Жаргалантын ард иргэд угтаж байна. Самбуу нь 1950 оны тавдугаар сарын 23-нд Умард Солонгост суух анхны Элчин сайдаар томилогдсон бөгөөд Солонгосын дайны үед Монгол, Умард Солонгосын найрсаг харилцааг хөгжүүлэхэд чухал үүрэг гүйцэтгэсэн билээ.

15 짬스랑 삼보(J. Sambuu, 1895~1972)는 1951년 9월에 외무부 차관, 1954년에 몽골인민혁명당 중앙위원회 정치국 위원을 맡았고, 1972년까지 몽골의 상임위원장을 지낸 유명 정치인이다.

Жамсрангийн Самбуу(1895~1972) нь 1951 оны 9-р сараас 1953 онд Гадаад Явдлын Яамны орлогч сайд, 1954 оноос МАХН-ын Төв хорооны бүрэлдэхүүнд орж, Намын Төв Хорооны Улс Төрийн Товчооны гишүүнээр сонгогдон, 1972 он хүртэл Монгол улсын Төрийн тэргүүнээр ажилласан Монголын нэртэй төрийн зүтгэлтэн.

북한 예술단의 남성 단원들이 포즈를 취하고 있다.
Урлагийн эрэгтэй зүтгэлтнүүд зураг авхуулж байна.

북한 예술단이 국영농장 내에 마련된 천막에서 유제품과 차를 즐기고 있다.

Умард Солонгосын урлагийн зүтгэлтнүүд монгол майханд Монголын уламжлалт цагаан идээ, цай зооглож байна.

아이락(마유주)을 마시고 있는 리면상과 최승희.
Ли Мйөнъсан, Чой Сынхи нар айраг ууж байна.

•

몽골 아이와 기념 촬영을 하는 북한 예술단의 남성 단원들.

Монгол хүүхэдтэй дурсгалын зураг авхуулж буй Умард Солонгосын урлагийн эрэгтэй зүтгэлтнүүд.

•
리변상과 최승희가 국영농장 관계자와 함께.
Ли Мйөнъсан, Чой Сынхи нар орон нутгийн удирдлагуудтай хамт.

7. 잠트 협동조합에서의 공연

Замт нэгдэл (Замт дахь Ардын үйлдвэрлэлийн нэгдэл)-д хийсэн тоглолт

북한 예술단의 혼성합창단과 지휘자 박광우가 야외 무대에 올랐다.

Умард Солонгосын эрэгтэй, эмэгтэй холимог найрал дуучид, удирдаач Пак Гван-у нар.

북한 예술단의 공연을 보기 위해 야외 무대를 둘러싼 몽골인들.

Монголын ард түмэн Умард Солонгосын урлагийн багийн тоглолтыг үзэхээр гадаа талбайд цуглarав.

독창을 하고 있는 가수 전경.
Гоцлол дуу дуулж буй дуучин Жөнъ Гйөн.

북한 예술단의 남성 중창단.
Умард Солонгосын эрэгтэй найрал дуучид.

'조선의 어머니' 무용극을 열연하는 최승희.
Чой Сынхи "Солонгос эх" гэдэг бүжгийн жүжиг тоглож байна.

'조선의 어머니' 한 장면.
"Солонгос эх" жүжгийн хэсэг.

최승희가 창작한 '조선의 어머니'.
Чой Сынхи-гийн найруулга "Солонгос эх" жүжиг.

공연을 마친 최승희와 단원들.
Тоглолтоо дуусгасан жүжигчид.

'목동과 처녀' 작품.
"Малчин ба охин" бүжиг.

북한 예술단의 단원들.
Умард Солонгосын урлагийн зүтгэлтнүүд.

칼춤을 추는 〈최승희 무용소〉 단원들.
Чой Сынхи-гийн бүжгийн хамтлаг сэлэмт бүжиг бүжиглэв.

칼춤을 추는 〈최승희 무용소〉 단원들.
Чой Сынхи-гийн бүжгийн хамтлаг сэлэмт бүжиг бүжиглэв.

북춤을 추는 〈최승희 무용소〉 단원들.
Хэнгэрэгт бүжиг бүжиглэж байгаа Чой Сынхи-гийн бүжгийн хамтлагийн бүжигчид.

•

탈춤을 추는 <최승희 무용소> 단원들.

Багт бүжиг бүжиглэж буй Чой Сынхи-гийн бүжгийн хамтлагийн бүжигчид.

러시아 전통춤을 추는 〈최승희 무용소〉 단원들.
Умард Солонгосын жүжигчид орос бүжиг бүжиглэж байгаа нь.

사물놀이를 하는 〈최승희 무용소〉 단원들.

Самүлнори гэдэг солонгос цохивор хөгжмөөр тоглож байгаа Чой Сынхи-гийн бүжгийн хамтлагийн бүжигчид.

북춤을 추는 최승희.
Хэнгэрэгт бүжиг бүжиглэж байгаа Чой Сынхи.

장구춤을 추는 최승희.
Солонгос үндэсний хөгжим жангү-тэй бүжиг бүжиглэж байгаа Чой Сынхи.

최승희와 〈최승희 무용소〉 단원들.
Чой Сынхи ба Чой Сынхи-гийн бүжгийн хамтлагийн бүжигчид.

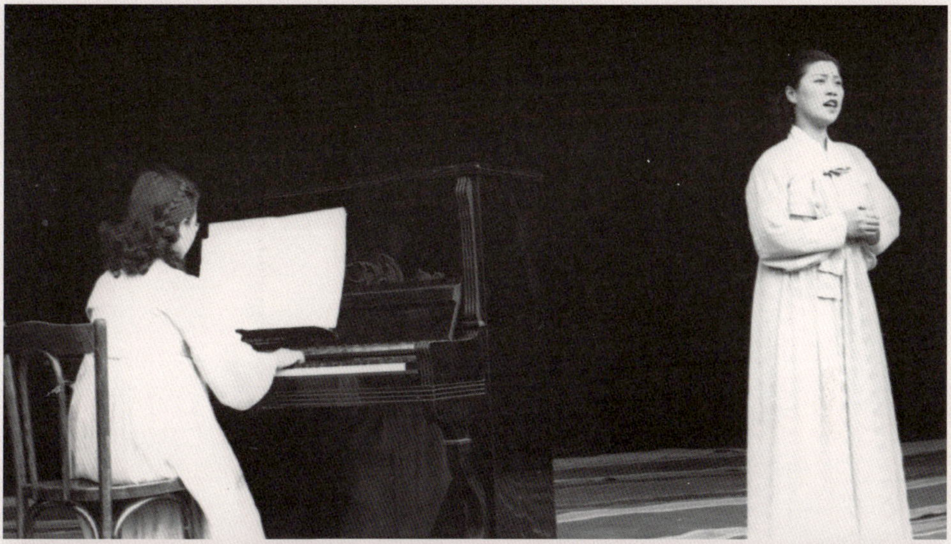

상 | 몽골 민요 '만다흐 나르(일출)'를 열창하고 있는 가수 전경.
Дуучин Жөнъ Гйөн монгол ардын дуу "Мандах нар"-ыг дуулахад үзэгчид алга ташин баярлав.

하 | 몽골 민요 '체웨르 오힝(순백의 소녀)'을 열창하고 있는 가수 유은경.
Дуучин Юү Ынъгйөн монгол ардын дуу "Цэвэр охин"-ыг дуулахад үзэгчид халуун дотноор хүлээн авав.

최승희와 북한 여성 무용가들이 몽골 민속춤을 추고 있다.
Чой Сынхи болон солонгос бүжигчид монгол ардын бүжиг бүжиглэж байна.

최승희와 북한 남성 무용가들이 몽골의 인민무용가 셉찌드(Ts. Sevjid)[16]와 함께 몽골 민속춤을 추고 있다. (왼쪽 세번째 셉찌드)

Чой Сынхи болон солонгос бүжигчид, БНМАУ-ын Ардын жүжигчин Ц.Сэвжид нар монгол ардын бий биелгээ бүжиж байна. (Сэвжид зүүн гар талаас гурав дахь нь)

---

16 체렌돌람 셉찌드(Ts. Sevjid, 1916~1984)는 20세기 몽골을 대표하는 무용가로 몽골인민공화국의 인민배우이며 국가 훈장을 받았다.
Цэрэндуламын Сэвжид(1916~1984) нь БНМАУ-ын Ардын жүжигчин, Төрийн шагналт, XX зууны манлай бүжиг дэглээч.

나담 경기장 앞에서 양국 대표단이 기념 촬영을 하고 있다.

Хоёр улсын төлөөлөгчид Цэнгэлдэх хүрээлэнгийн өмнө дурсгалын зураг татуулж байна.

몽골의 전통 씨름. 나담 축제 기간에 '남성 3종 경기(에린 고르왕 나담)'로 불리는 씨름, 활쏘기, 경마가 열린다.

Монгол үндэсний бөхийн барилдаан. Наадмын үеэр бөх, морь, сур харваа зэрэг "Эрийн гурван наадам" болдог.

말을 타고 있는 북한 예술단 단원들.

Морь унаж байгаа Умард Солонгосын урлагийн зүтгэлтнүүд.

지방 공연에서 북한 예술단이 몽골 지도자들과 함께.
Умард Солонгос дуучид хөдөө орон нутагт Монголын удирдах ажилтнуудтай.

국립드라마극장에서 공연을 마친 북한 예술단.
Умард Солонгосын урлагийн хамтлаг Улсын Хөгжимт Драматик Театрт тоглосны дараа.

수흐바타르 동상 앞에서 기념 촬영하는 북한 예술단.

Умард Солонгосын урлагийн зүтгэлтнүүд Д.Сүхбаатарын хөшөөний өмнө дурсгалын зураг авхуулав.

몽골여성연맹 위원장인 오드왈(왼쪽에서 세번째)[17]과 북한 예술단.
Намын Төв Хорооны Эмэгтэйчүүдийн хэлтсийн эрхлэгч С.Удвалтай хамт.

---

17 소놈 오드왈(S. Udval, 1921-1991)은 볼간 아이막 출생으로 20세기를 대표하는 여성 지도자, 사회운동가이며 국가훈장을 받은 작가이다.
Сономын Удвал нь 1921 оны 2-р сарын 23-нд одоогийн Булган аймгийн Дашинчилэн сумын нутагт төрсөн. XX зууны манлай эмэгтэй удирдагч, төр нийгмийн нэрт зүтгэлтэн, Төрийн шагналт зохиолч. 1991 онд таалал төгссөн.

•

최승희와 북한 예술단.

Чой Сынхи болон Умард Солонгосын урлагийн зүтгэлтнүүд.

알타이 호텔 앞에서 기념 촬영을 하고 있는 북한 예술단.

Умард Солонгосын урлагийн зүтгэлтнүүд “Алтай” зочид буудлын өмнө дурсгалын зураг татуулж байна.

알타이 호텔 앞에서 최승희와 함께.

Чой Сынхи болон Умард Солонгосын урлагийн зүтгэлтнүүд "Алтай" зочид буудлын өмнө.

몽골의 인민배우 오욘(위 사진 앞줄 왼쪽 3번째)[18]과 몽골 예술인들.
Ардын жүжигчин Э.Оюун ба Монголын уран бүтээлчид.

---

18 에르덴바트 오욘(E. Oyun, 1918~2001)은 몽골인민공화국의 인민배우로 최초로 초이발산 상을 수여받은 국가 공훈예술가이다. 그 외에 작가, 연출가, 연구자, 번역가로 활동했다.
Эрдэнэбатын Оюун(1918-2001) нь БНМАУ-ын Ардын жүжигчин, Маршал Чойбалсангийн нэрэмжит шагналт, Урлагийн гавьяат зүтгэлтэн, зохиолч, найруулагч, урлаг судлаач, орчуулагч.

알타이 호텔 내의 레스토랑에서 최승희가 몽골의 전통복 델(Deel)을 입고 포즈를 취하고 있다.
Чой Сынхи "Алтай" зочид буудлын ресторанд монгол үндэсний хувцастай зургаа авхуулжээ.

알타이 호텔의 발코니에서.
"Алтай" зочид буудлын тагтан дээр.

체덴발의 초상화가 담긴 앨범을 보고 있는 최승희.
Чой Сынхи Ю.Цэдэнбалын хөрөгтэй зургийн цомгийг үзэж байна.

최승희가 몽골 무용수와 함께.
Чой Сынхи монгол бүжигчидтэй хамт.

최승희와 몽골의 인민배우 오욘.
Чой Сынхи Э.Оюуны хамт.

북한 예술단 단원들이 몽골 정부로부터 선물받은 새 델을 입고 있다.
Монголын төрөөс Умард Солонгосын урлагийн зүтгэлтэнд монгол үндэсний хувцас бэлэглэж, өмсгөж буй нь.

새 델을 선물받은 최승희가 축하의 의미로 우유를 마시고 있다.
Чой Сынхи шинэ дээл өмсөөд мялаалгын сүү амсаж буй нь

북한 인민배우이자 가수 유은경.
Умард Солонгосын Ардын жүжигчин, дуучин Юу Ынъгйөн.

알타이 호텔에서 수흐바타르 광장을 내려다 보고 있는 최승희.
"Алтай" зочид буудлаас Сүхбаатарын талбай руу харж байгаа Чой Сынхи.

기록 영화가 전하는 못다한 이야기

Баримтат киногоор дамжуулан өгүүлж буй дуусгаж амжаагүй түүхүүд

1. 몽골 인민혁명 31주년 나담

Монгольн Ардын Хувчсгалын 31 жилийн ойн баяр наадам

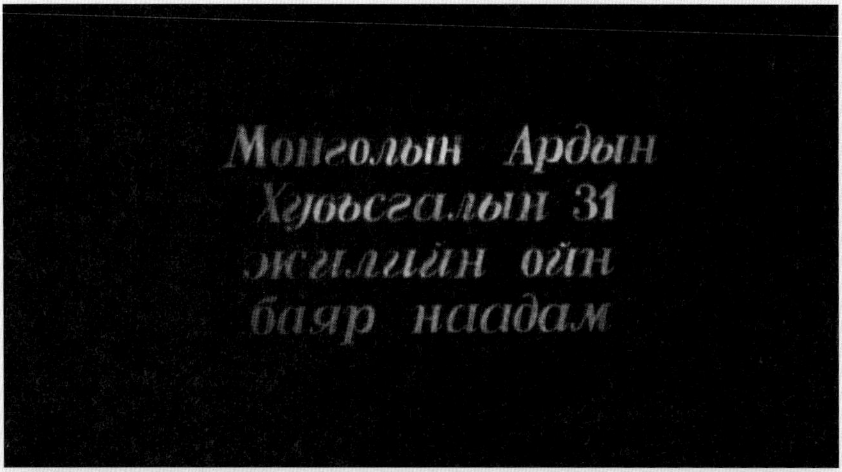

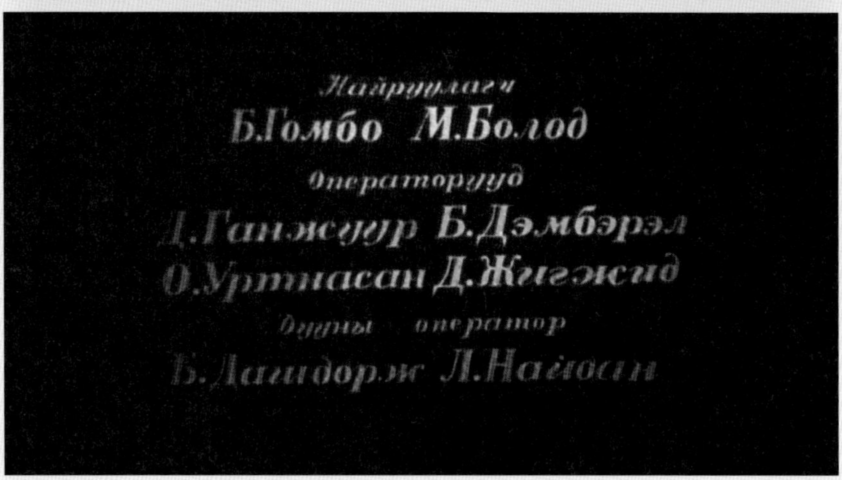

•

총 감독: 곰보(B. Gombo), 볼로드(M. Bolod)
촬영 감독: 간쪼르(D. Ganjuur), 뎀베렐(B. Demberel), 오르트나산(O. Urtnasan), 찍찌드(D. Jigjid)
음악 감독: 다쉬도르찌(B. Dashdorj), 나이단(L. Naidan)

울란바토르역 플랫폼에서 북한 정부 대표단 및 예술단을 맞이하는 몽골 대표자와 시민들.

Умард Солонгосын Засгийн газрын болон урлагийн төлөөлөгчдийг Улаанбаатар галт тэрэгний буудал дээр Монголын нам, төрийн зүтгэлтнүүд хүлээн авахад Монголын ард иргэд оролцов.

김용진 북한대사가 양국 대표를 소개하고 있다.
Умард Солонгосын Элчин сайд Ким Ёнжинъ хоёр улсын төлөөлөгчдийг танилцуулав.

연설문에서 리승엽은 "북한 대표단과 예술단의 몽골 방문이 양국 인민의 우호와 문화 교류를 강화한다"라고 강조했다.

Умард Солонгосын Засгийн газрын төлөөлөгчдийн тэргүүн Ли Сын-йөб хэлсэн үгэндээ "Солонгосын төлөөлөгчид, урлагийн баг Монголд айлчилж байгаа нь хоёр улсын ард түмний найрамдал, соёлын солилцоог бэхжүүлэхэд чухал ач холбогдолтой" хэмээн онцлов.

국립음악드라마극장에서 열린 훈장 수여식. 리승엽 단장은 북한 정부를 대표하여 한국전쟁 시기 북한 원조 사업에 공훈한 몽골 인사들에게 훈장을 수여하였다.

Шагнал гардуулах ёслол Улсын Хөгжимт Драматик Театрт болов. Умард Солонгосын Засгийн газрын төлөөлөгчдийн тэргүүн Ли Сын-йөб Монголын нам төрийн зүтгэлтнүүдийг Солонгосын төрийн одон медалиар шагнав.

훈장 수여식에 참석한 북한 예술단. 첫 줄의 맨 왼쪽에 최승희.
Умард Солонгосын урлагийн төлөөлөгчид шагнал гардуулах ёслолд оролцов.

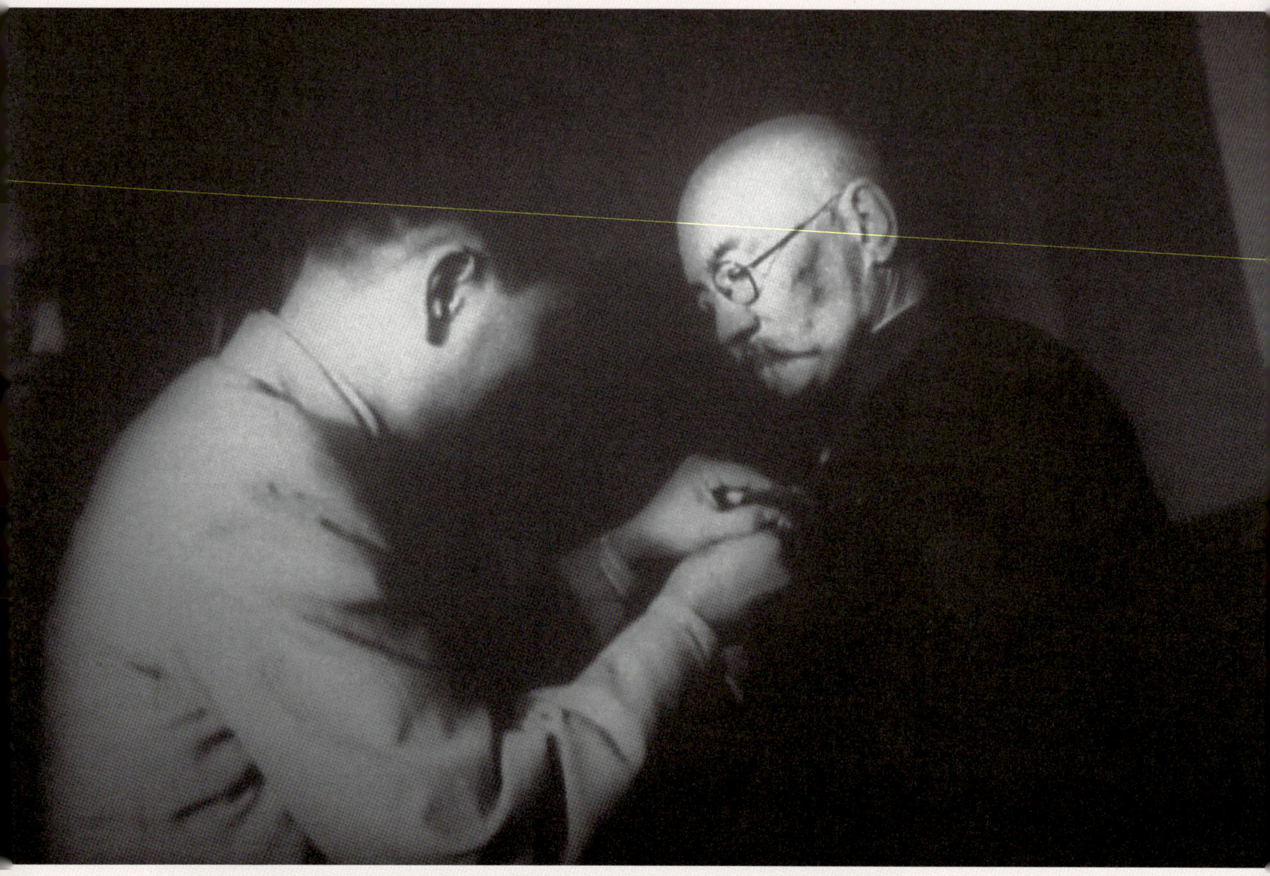

•
리승엽 단장이 봄첸드 국가대회의 상임위원장에게 국기훈장 1급을 달아주고 있다. 이날 체덴발 총리, 담바 몽골인민혁명당 중앙위원회 정치국 위원, 수렌잡, 짬발도르찌가 국기훈장 1급을 수훈하였다.

Умард Солонгосын Засгийн газрын төлөөлөгчдийн тэргүүн Ли Сын-йөб Улсын Их хурлын тэргүүлэгчдийн дарга Г.Бумцэндэд Улсын тугийн нэгдүгээр (зэргийн) одон гардуулж байна. Мөн Ерөнхий сайд Ю.Цэдэнбал, МАХН-ын Төв Хорооны Улс төрийн товчооны гишүүн Д.Дамба, Ч.Сүрэнжав, Б.Жамбалдорж нарыг Улсын тугийн нэгдүгээр одонгоор шагнав.

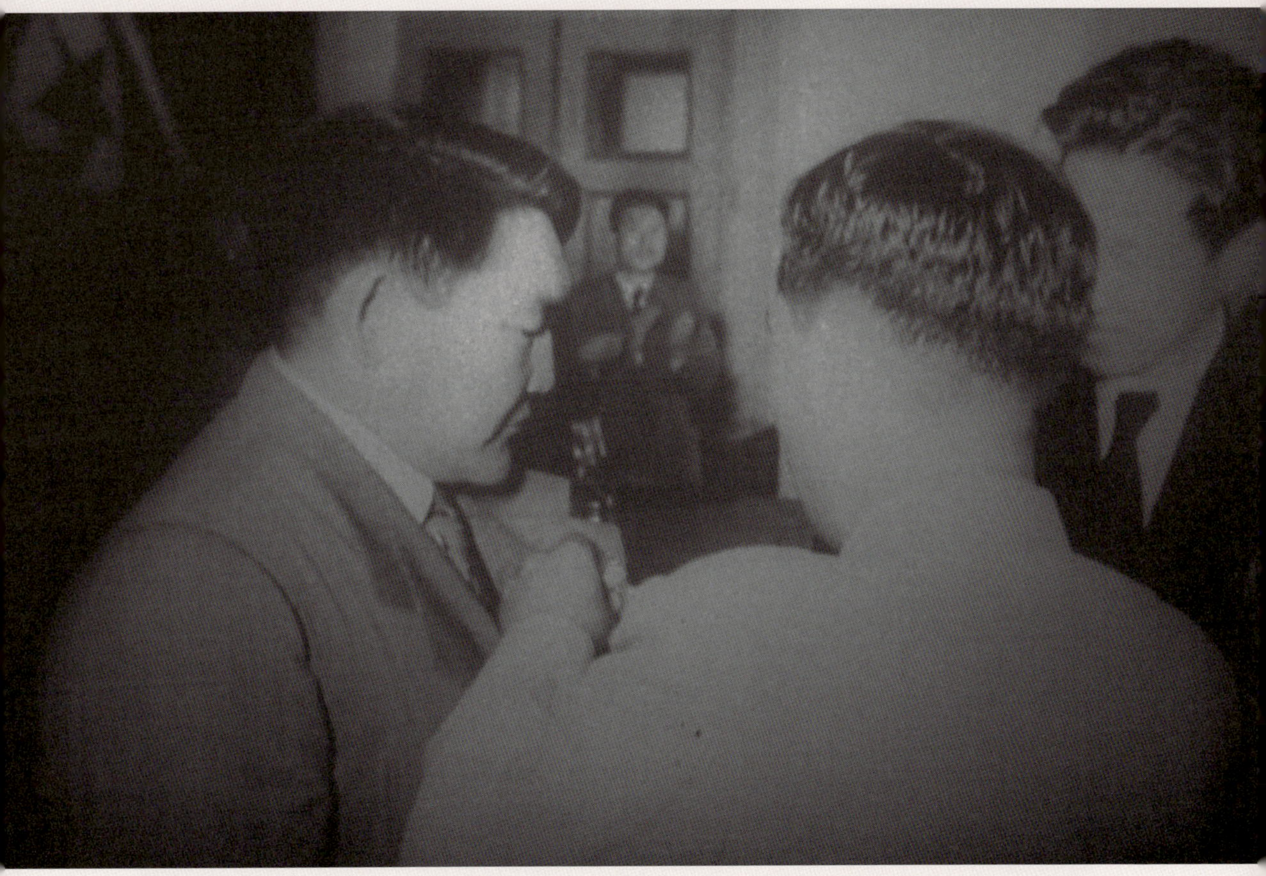

훈장을 받고 있는 담바 몽골인민혁명당 중앙위원회 정치국 위원.

Монгол Ардын Хувьсгалт Намын Төв Хорооны Улс төрийн товчооны гишүүн Д.Дамбыг Улсын тугийн нэгдүгээр одонгоор шагнаж байгаа нь.

참배 거행.
Хүндэтгэн ёслов.

몽골 정치 지도자 수흐바타르 장군의 묘소.
Монгол төрийн зүтгэлтэн, жанжин Д.Сүхбаатарын бунхан.

수흐바타르 묘소에 참배하는 북한 정부 대표단.

Умард Солонгосын Засгийн газрын төлөөлөгчид Д.Сүхбаатарын бунханд цэцэг өргөж, хүндэтгэл үзүүлж байгаа нь.

리승엽 단장과 김용진 북한대사.

Умард Солонгосын Засгийн газрын төлөөлөгчдийн тэргүүн Ли Сын-йөб, Элчин сайд Ким Ёнжинъ нар.

참배를 위해 북한 정부 대표단의 뒤를 이어 북한 예술단의 행렬이 이어지고 있다.

Умард Солонгосын урлагийн зүтгэлтнүүд Засгийн газрын төлөөлөгчидтэй хамт хүндэтгэл үзүүлэхээр явж байна.

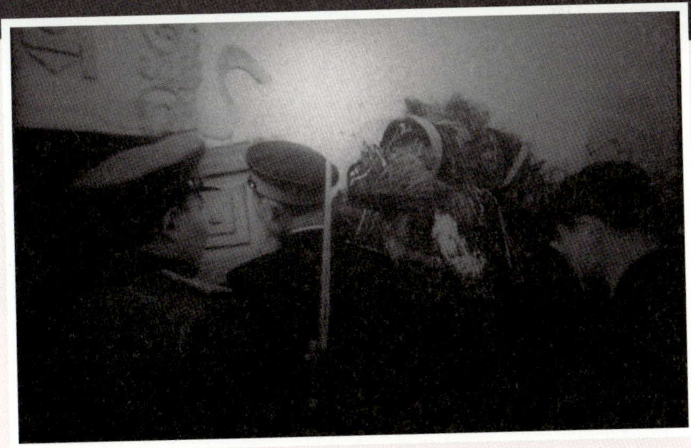

초이발산 원수의 묘역.
Маршал Х.Чойбалсангийн бунхан.

상 | 초이발산 원수의 부인 군덱마(B. Gundegmaa).

Хүндэтгэл үзүүлэх ёслолд оролцсон маршал Х.Чойбалсангийн гэргий Б. Гүндэгмаа.

하 | 화환을 든 의장대 뒤로 북한 정부 대표단의 추모 행렬이 이어졌다.

Цэцэг өргөж яваа хүндэт харуулын ард Умард Солонгосын Засгийн газрын төлөөлөгчид явж байна.

국립음악드라마극장에서 몽골 인민혁명 31주년을 기념하는 경축 대회가 열렸다.
Ардын хувьсгалын 31 жилийн ойн баярын хүндэтгэлийн хуралдаан Улсын Хөгжимт Драматик Театрт болов.

단상에 오른 양국 정부 대표단.
Хоёр улсын засгийн газрын төлөөлөгчид индэр дээр.

경축 대회에 참석한 최승희와 북한 예술단.

Хүндэтгэлийн баярын хуралдаанд Чой Сынхи болон Умард Солонгосын урлагийн зүтгэлтнүүд оролцож байна.

경축 대회를 마치고 북한 대표단이 축기를 증정하고 있다.

Баярын хүндэтгэлийн хуралдааны дараа Умард Солонгосын төлөөлөгчид туг гардуулж байна.

'북한 인민의 용감한 투쟁'을 주제로 열린 북한 전시회.

“Солонгосын ард түмний баатарлаг тэмцэл” сэдэвт үзэсгэлэнг монголчууд үзэж байна.

북한 전시회를 관람하는 몽골인들.
Умард Солонгосын үзэсгэлэнг үзэж буй монголчууд.

북한 전시회에서 북한 신문을 보고 있는 몽골인들.
Умард Солонгосын сонин харж байгаа монголчууд.

•
북한 전시회 관람을 마치고 나오는 북한 정부 대표단.
Умард Солонгосын Засгийн газрын төлөөлөгчид Умард Солонгосын үзэсгэлэнгээс гарч байна.

상 | 북한 전시회에 이어 소련 전시회를 둘러보고 있는 북한 정부 대표단.
Умард Солонгосын төлөөлөгчид мөн Зөвлөлтийн үзэсгэлэнг үзэж байна.

하 | 설명을 듣고 있는 북한 정부 대표단.
Умард Солонгосын Засгийн газрын төлөөлөгчид үзэсгэлэнгийн тайлбарыг сонсож байна.

소련 전시회 관람을 마치고 몽골 농축산업부의 전시장으로 이동하고 있다.
Үзэсгэлэнг үзэж дуусаад Хөдөө Аж Ахуйн Яамны үзэсгэлэн рүү хөдөлж байна.

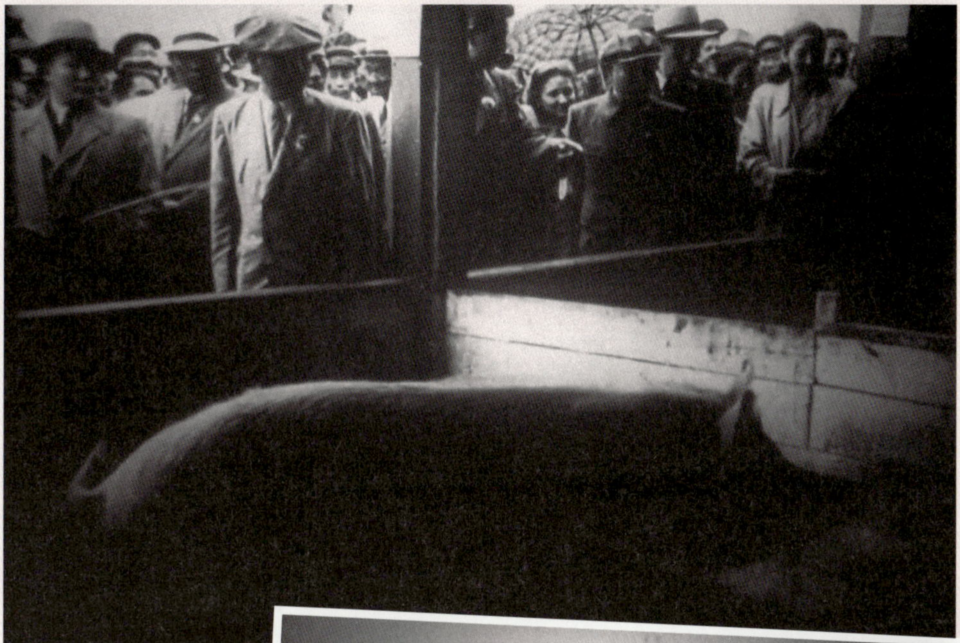

몽골 농축산업부의 전시장을 둘러보고 있는 북한 인사들.

Умард Солонгосын төлөөлөгчид Монголын мал аж ахуйн салбарыг танилцуулсан Хөдөө Аж Ахуйн Яамны үзэсгэлэнг үзэж байна.

•
전시회 관람을 마치고 나담 경기장으로 이동하고 있다.
Үзэсгэлэнг үзэж дуусаад Наадмын талбай руу хөдөлж байна.

나담 경기장에서 "남성 3종 경기"의 하나인 경마 대회가 펼쳐지고 있다.
Наадмын талбайд эрийн гурван наадам болж байна.

나담 경기장의 내빈석에서 나담 경기를 지켜보고 있는 북한 정부 대표자들.
Умард Солонгосын Засгийн газрын төлөөлөгчид наадмын индрээс эрийн гурван наадам үзэж байна

2. 몽골 인민혁명 31주년을 기념하는 북한 예술단의 축하 공연

Умард Солонгосын Засгийн газрын төлөөлөгчид наадмын индрээс эрийн гурван наадам үзэж байна

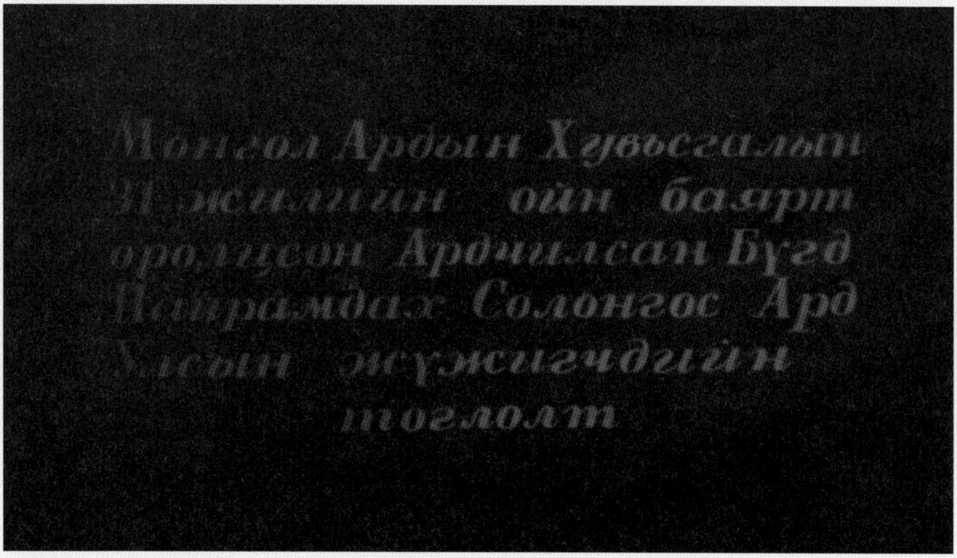

•

총 감독: 볼로드(M. Bolod)
촬영 감독: 간쪼르(D. Ganjuur), 뎀베렐(B. Demberel), 오르트나산(O. Ortnasan), 찍찌드(D. Jigjid)
음악 감독: 다쉬도르찌(B. Dashdorj), 나이단(L. Naidan)

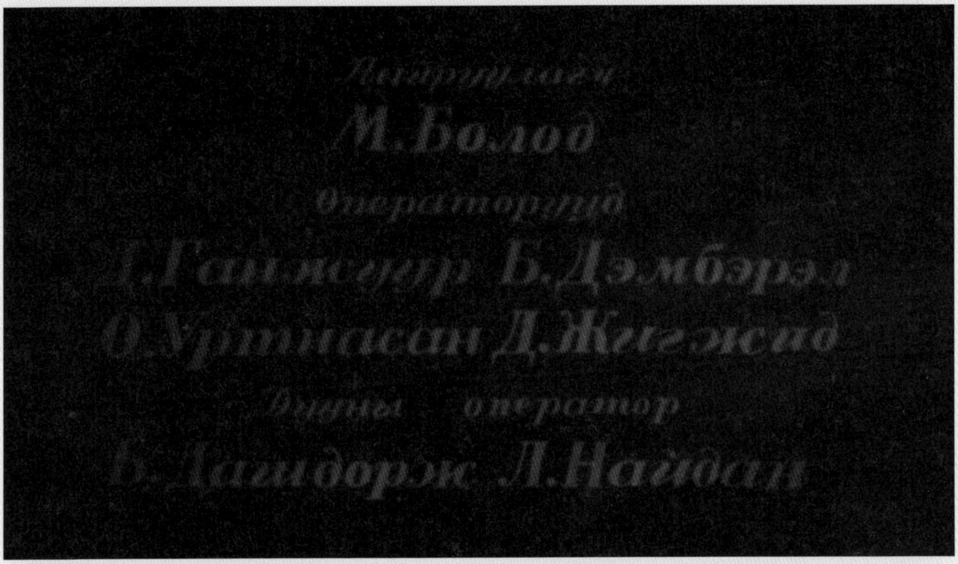

•
울란바토르시 영화제작소 1952년.

국립음악드라마극장. 현재 국립오페라발레극장으로 개칭되었다.
Улсын Хөгжимт Драматик Театр, одоо Улсын дуурь бүжгийн эрдмийн театр болсон.

북한 예술단의 공연을 관람하기 위해 객석을 가득 채운 몽골인들.

Умард Солонгосын урлагийн тоглолтыг үзэхээр Монголын ард түмэн танхим дүүрэн цугласан байна.

북한 예술단의 혼성합창단이 '김일성 장군의 노래'를 부르고 있다.

Умард Солонгосын урлагийн багийн эрэгтэй, эмэгтэй холимог найрал дуучид "Ким Ирсен жанжны дуу"-г дуулав.

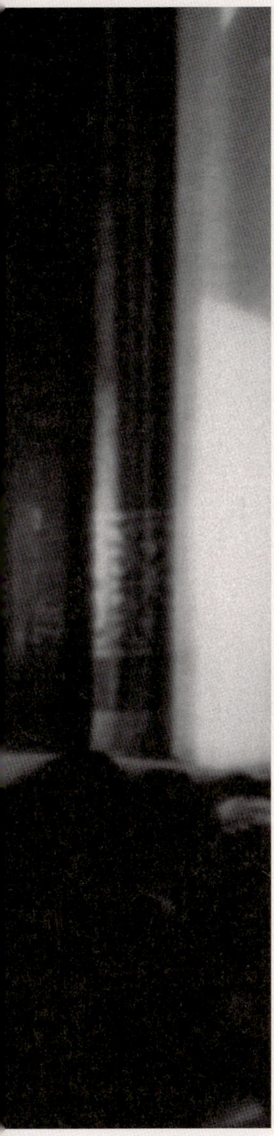

북한 예술단의 지휘자 박광우.
Умард Солонгосын урлагийн багийн найрал дууны удирдаач Пак Гван-ү.

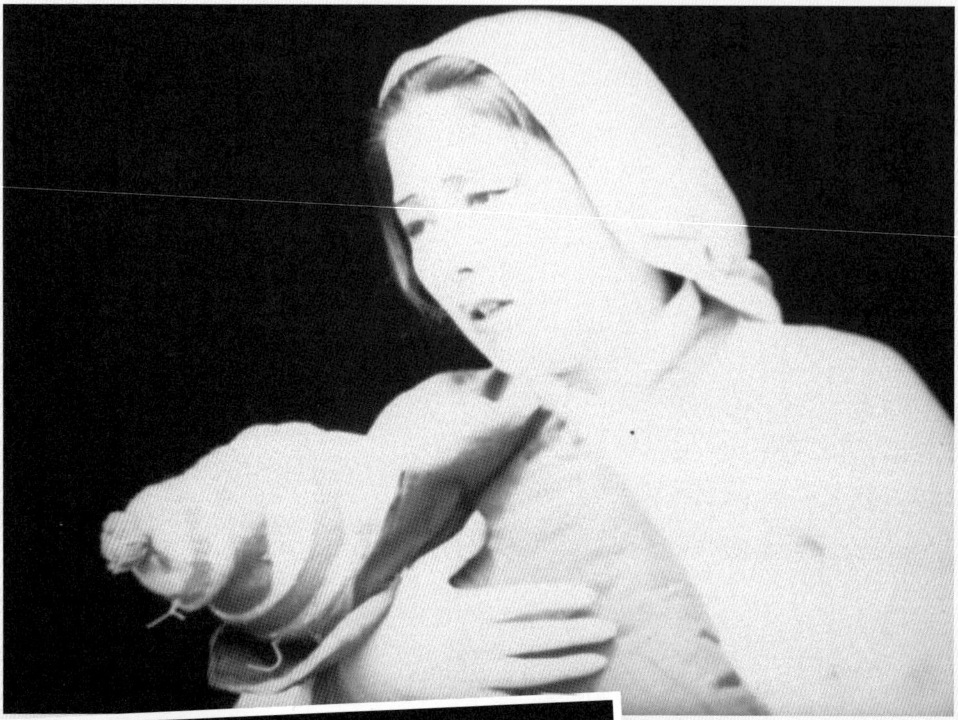

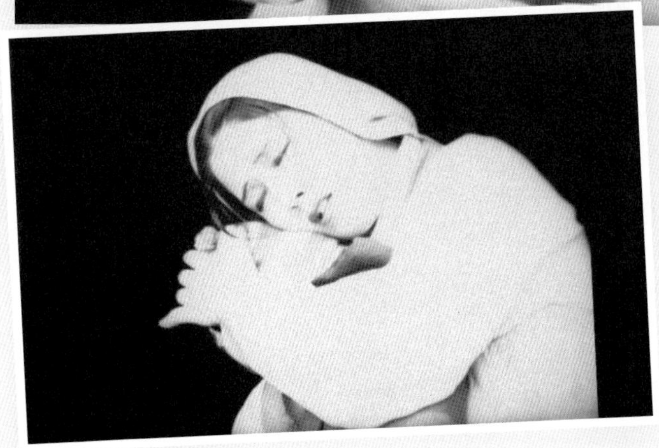

1951년에 창작한 '조선의 어머니' 무용극을 열연하고 있는 최승희.
Чой Сынхи 1951 онд бүтээсэн "Солонгос эх" гэдэг танцыг (бүжгэн жүжиг) тоглож байна.

최승희의 '조선의 어머니' 공연은 관객들에게 깊은 인상을 남겼다. 이에 대한 소감문이 『우능』 신문에 실렸다.
Чой Сынхи "Солонгос эх" гэдэг жүжгийг их ур чадвараар үзүүлсэн нь үзэгчдэд гүн сэтгэгдэл төрүүлсэн хэмээсэн, тоглолтыг үзсэн тухай жирийн үзэгчдийн сэтгэгдэл "Үнэн" сонинд нийтлэгдэж байв.

공연이 끝나자 몽골 측에서 축하의 꽃다발을 전했다.
Тоглолт дуусмагц Монголын талаас баяр хүргэж цэцгийн баглаа өргөв.

3. 짜르갈란트 국영농장

Жаргалантын сангийн аж ахуй

승용차와 버스를 이용해 북한 예술단이 도착했다.

Урлагийн төлөөлөгчид машин, автобусаар хүрэлцэн ирэв.

몽골 목민 여성이 최승희와 여성 단원에게 환영 꽃다발을 전해주고 있다.
Чой Сынхи болон жүжигчдийг монгол малчин эмэгтэйчүүд цэцэг барин угтав.

잠트 협동조합의 야외 무대에서 공연하는 북한 예술단. 가수 전경이 몽골 민요 '만다흐 나르(일출)'를 부르자 몽골인들이 감사의 박수를 보냈다.

Умард Солонгосын урлагийн баг "Замт" нэгдлийн гадаа тайзан дээр тоглов. Монгол ардын дуу "Мандах нар"-ыг дуучин Жөнъ Гйөн дуулав. Дуучин Жөнъ Гйөн монгол дуу дуулахад үзэгчид талархалтай хүлээн авав.

북한 예술단의 공연을 보고 있는 목민들.
Урлагийн тоглолтыг үзэж байгаа малчин ардууд.

'파르티잔' 몽골 노래를 부르고 있는 북한 예술단의 혼성합창단.
Умард Солонгосын найрал дуучид "Партизан" хэмээх монгол дууг дуулав.

잠트 협동조합에서 성공적으로 공연을 마친 북한 예술단.
Умард Солонгосын урлагийн зүтгэлтнүүд “Замт” нэгдэлд тоглолтоо амжилттай хийв.

상 | 많은 관객 속에서 공연을 지켜보는 삼보 외무부 차관과 현지 관계자.
Урлагийн тоглолтыг үзэж байгаа үзэгчдийн дунд Гадаад яамны орлогч сайд Ж.Самбуу болон орон нутгийн удирдлагууд байв.

하 | 북한 예술단의 공연을 흥미롭게 지켜보고 있는 몽골인들.
Урлагийн тоглолтыг үзэн сонирхож буй нутгийн ард иргэд.

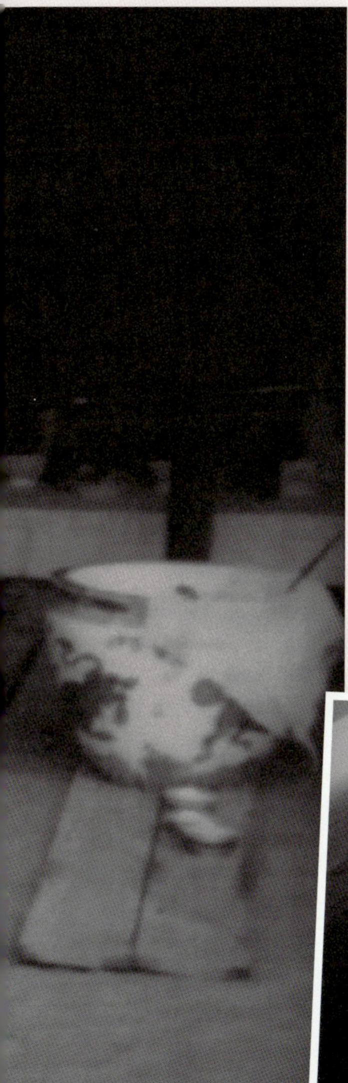

천막에서 몽골 전통 유제품과 아이락(Airag)을 즐기고 있다. 아이락은 말젖을 발효시켜 만든 몽골의 전통 술이다.

Майханд Монголын уламжлалт цагаан идээ болон гүүний айраг зооглов.

대접에 담긴 아이락을 마시는 북한 예술단.

Умард Солонгосын урлагийн зүтгэлтнүүд хултай айраг ууж байна.

가수 유은경과 지휘자 박광우가 나란히 앉아 아이락을 마시고 있다.
Дуучин Юү Ынъгйөн, Пак Гван-ү нар зэрэгцэн суугаад гүүний айраг ууж байна.

몽골 우유를 맛보고 있는 북한 예술 단원들.
Жүжигчид үнээний сүү ууж байна.

몽골 전통 음식인 오츠(Uuts)를 썰고 있는 최승희. 오츠는 양 한마리를 찐 음식으로 몽골인은 귀한 손님에게 오츠를 대접한다.

Чой Сынхи ууц таллаж байна. Монголчууд ууц хэмээх хүндэтгэлийн зоогоор хүндэт зочдоо дайлдаг.

몽골 전통 유제품을 즐기고 있는 북한 예술단.
Жүжигчид монголын уламжлалт цагаан идээг сонирхон зооглов.

몽골 말을 타고 있는 최승희와 유은경.
Чой Сынхи болон дуучин Юү Ынъгйөн морь унав.

모든 일정을 마치고 몽골인들과 작별을 나누는 북한 예술단. 몽골 아이에게도 축복을 기원하고 있다.

Умард Солонгосын урлагийн зүтгэлтнүүдийн айлчлалын хөтөлбөр дуусаж, нутгийн ард олонтой салах ёс гүйцэтгэн, бяцхан хүүд эрдэм номтой хүн болохыг ерөөв.

북한 예술단과 몽골인은 다시 만날 것을 기약하며 작별 인사를 나눴다.
Монголчууд ахин уулзахын ерөөл өргөн үдэж өгөв.

울란바토르 시내로 돌아가는 북한 예술단.
Умард Солонгосын жүжигчид Улаанбаатар хот руу буцав.

…нгосын жүжигчдийн концертыг бахдан үзэж байна

Бүгд Найрамдах … гос Ард Улсын … дүтгэлтэн нар … баатар хотод байгаа нь

…А.Б.Н. Солонгос Ард Улсын … Цой Сын Хи … Н.ХОДО…

Миний бахдал

Сайхан концерт

… МАНИЙДАВ…

Маш бахтай уран сайхан

Солонгосын жүжигчдийн … бахдан үзэв

Гайхамшигт сайхан концерт

Баяр…

신문에 남겨진 기록들

Сонинд үлдсэн тэмдэглэл

1. 몽골 『우능』 신문

Монголын “ҮНЭН” сонин

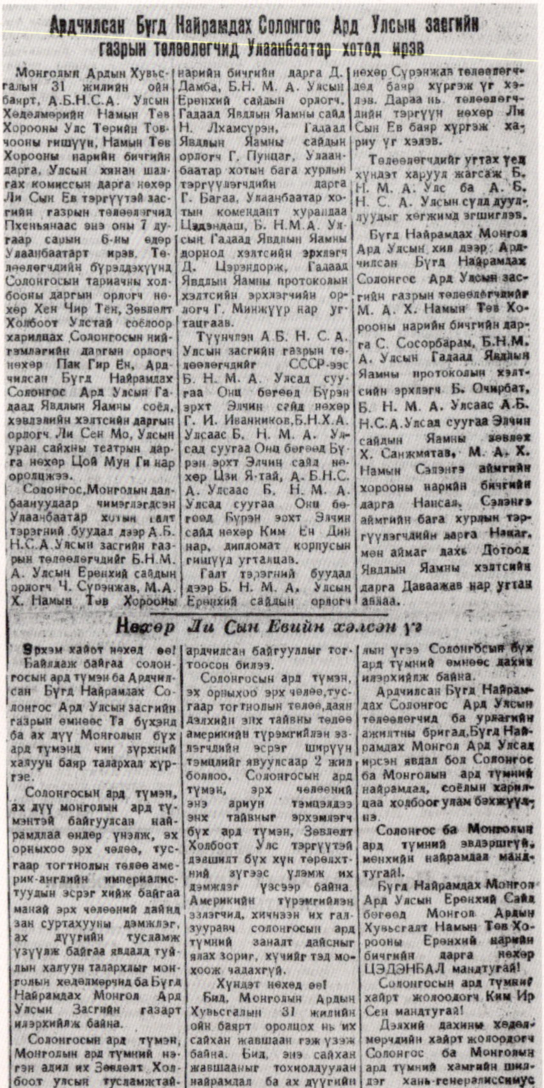

Ардчилсан Бүгд Найрамдах Солонгос Ард Улсын засгийн газрын төлөөлөгчид Улаанбаатар хотод ирэв

Монголын Ардын Хувьсгалын 31 жилийн ойн баярт, А.Б.Н.С.А. Улсын Хөдөлмөрийн Намын Төв Хорооны Улс Төрийн Товчооны гишүүн, Намын Төв Хорооны нарийн бичгийн дарга, Улсын хянан шалгах комиссын дарга нөхөр Ли Сын Ев тэргүүтэй засгийн газрын төлөөлөгчид Пхеньянаас энэ оны 7 дугаар сарын 6-ны өдөр Улаанбаатарт ирэв. Төлөөлөгчдийн бүрэлдэхүүнд Солонгосын тариачны холбооны даргын орлогч нөхөр Хен Чир Тён, Зөвлөлт Холбоот Улстай соёлоор харилцах Солонгосын нийгэмлэгийн даргын орлогч нөхөр Пак Гир Ен, Ардчилсан Бүгд Найрамдах Солонгос Ард Улсын Гадаад Явдлын Яамны соёл, хэвлэлийн хэлтсийн даргын орлогч Ли Сен Мо, Улсын уран сайхны театрын дарга нөхөр Цой Мун Ги нар оролцжээ.

Солонгос, Монголын далбаануудаар чимэглэгдсэн Улаанбаатар хотын галт тэрэгний буудал дээр А.Б.Н.С.А. Улсын засгийн газрын төлөөлөгчдийг Б.Н.М.А. Улсын Ерөнхий сайдын орлогч Ч. Сүрэнжав, М.А.Х. Намын Төв Хорооны нарийн бичгийн дарга Д. Дамба, Б.Н.М.А. Улсын Ерөнхий сайдын орлогч, Гадаад Явдлын Яамны сайд Н. Лхамсүрэн, Гадаад Явдлын Яамны сайдын орлогч Г. Пунцаг, Улаанбаатар хотын бага хурлын тэргүүлэгчдийн дарга Г. Багаа, Улаанбаатар хотын комендант хурандаа Цэдэндаш, Б.Н.М.А. Улсын Гадаад Явдлын Яамны дорнод хэлтсийн эрхлэгч Д. Цэрэндорж, Гадаад Явдлын Яамны протоколын хэлтсийн эрхлэгчийн орлогч Г. Минжүүр нар угтацгаав.

Түүнчлэн А.Б.Н.С.А. Улсын засгийн газрын төлөөлөгчдийг СССР-ээс Б.Н.М.А. Улсад суугаа Онц бөгөөд Бүрэн эрхт Элчин сайд нөхөр Г. И. Иванников, Б.Н.Х.А. Улсаас Б.Н.М.А. Улсад суугаа Онц бөгөөд Бүрэн эрхт Элчин сайд нөхөр Цзи Я-тай, А.Б.Н.С.А. Улсаас Б.Н.М.А. Улсад суугаа Онц бөгөөд Бүрэн эрхт Элчин сайд нөхөр Ким Ен Дин нар, дипломат корпусын гишүүд угталцав.

Галт тэрэгний буудал дээр Б.Н.М.А. Улсын Ерөнхий сайдын орлогч нөхөр Сүрэнжав төлөөлөгчдөд баяр хүргэж үг хэлэв. Дараа нь төлөөлөгчдийн тэргүүн нөхөр Ли Сын Ев баяр хүргэж хариу үг хэлэв.

Төлөөлөгчдийг угтах үед хүндэт харуул жагсаж Б.Н.М.А. Улс ба А.Б.Н.С.А. Улсын сүлд дууллуудыг хөгжимд эгшиглэв.

Бүгд Найрамдах Монгол Ард Улсын хил дээр Ардчилсан Бүгд Найрамдах Солонгос Ард Улсын засгийн газрын төлөөлөгчдийг М.А.Х. Намын Төв Хорооны нарийн бичгийн дарга С. Сосорбарам, Б.Н.М.А. Улсын Гадаад Явдлын Яамны протоколын хэлтсийн эрхлэгч Б. Очирбат, Б.Н.М.А. Улсаас А.Б.Н.С.А. Улсад суугаа Элчин сайдын Яамны зөвлөх Х. Санжмятав, М.А.Х. Намын Сэлэнгэ аймгийн хорооны нарийн бичгийн дарга Нансал, Сэлэнгэ аймгийн бага хурлын тэргүүлэгчдийн дарга Нацаг, мөн аймаг дахь Дотоод Явдлын Яамны хэлтсийн дарга Даваажав нар угтан авлаа.

Нөхөр Ли Сын Евийн хэлсэн үг

Эрхэм хайрт нөхөд өө!

Байлдаж байгаа солонгосын ард түмэн ба Ардчилсан Бүгд Найрамдах Солонгос Ард Улсын засгийн газрын өмнөөс Та бүхэнд ба ах дүү Монголын бүх ард түмэнд чин зүрхний халуун баяр талархал хүргэе.

Солонгосын ард түмэн, ах дүү монголын ард түмэнтэй байгуулсан найрамдлаа өндөр үнэлж, эх орныхоо эрх чөлөө, тусгаар тогтнолын төлөө америк-английн империалистуудын эсрэг хийж байгаа манай эрх чөлөөний дайнд зан суртахууны дэмжлэг, ах дүүгийн тусламж үзүүлж байгаа явдалд туйлын халуун талархлыг монголын хөдөлмөрчид ба Бүгд Найрамдах Монгол Ард Улсын Засгийн газарт илэрхийлж байна.

Солонгосын ард түмэн, Монголын ард түмний нэгэн адил их Зөвлөлт Холбоот улсын тусламжтайгаар өөрийн оронд ардын ардчилсан байгууллыг тогтоосон билээ.

Солонгосын ард түмэн, эх орныхоо эрх чөлөө, тусгаар тогтнолын төлөө, даян дэлхийн энх тайвны төлөө америкийн түрэмгийлэн эзлэгчдийн эсрэг ширүүн тэмцлийг явуулсаар 2 жил боллоо. Солонгосын ард түмэн, эрх чөлөөний энэ ариун тэмцэлдээ энх тайвныг эрхэмлэгч бүх ард түмэн, Зөвлөлт Холбоот Улс тэргүүтэй дэвшилт бүх хүн төрөлхтний зүгээс үлэмж их дэмжлэг үзсээр байна. Америкийн түрэмгийлэн эзлэгчид, хичнээн их галзууравч солонгосын ард түмний заналт дайсныг ялах зориг, хүчийг тэд мохоож чадахгүй.

Хүндэт нөхөд өө!

Бид, Монголын Ардын Хувьсгалын 31 жилийн ойн баярт оролцох нь их сайхан жавшаан гэж үзэж байна. Бид, энэ сайхан жавшааныг тохиолдуулан найрамдал ба ах дүүгийн тусламжинд халуун талархлын үгээ Солонгосын бүх ард түмний өмнөөс дахин илэрхийлж байна.

Ардчилсан Бүгд Найрамдах Солонгос Ард Улсын төлөөлөгчид ба урлагийн ажилтны бригад, Бүгд Найрамдах Монгол Ард Улсад ирсэн явдал бол Солонгос ба Монголын ард түмний найрамдал, соёлын харилцаа холбоог улам бэхжүүлнэ.

Солонгос ба Монголын ард түмний эвдэршгүй, мөнхийн найрамдал мандтугай!.

Бүгд Найрамдах Монгол Ард Улсын Ерөнхий Сайд бөгөөд Монгол Ардын Хувьсгалт Намын Төв Хорооны Ерөнхий нарийн бичгийн дарга нөхөр ЦЭДЭНБАЛ мандтугай!

Солонгосын ард түмний хайрт жолоодогч Ким Ир Сен мандтугай!

Дэлхий дахины хөдөлмөрчдийн хайрт жолоодогч Солонгос ба Монголын ард түмний хамгийн шилдэг хань-генералиссимус Сталин мандтугай!

북한 정부 대표단의 울란바토르시 도착과 리승엽 동지의 연설. 『우능』 신문 1952년 7월 8일 №160(5144).

Ардчилсан Солонгосын Засгийн газрын төлөөлөгчид Улаанбаатар хотод ирсэн ба нөхөр Ли Сын Ев (Ли Сын-йөб)-ийн хэлсэн үг. “ҮНЭН” сонин 1952 оны 7-р сарын 8 №160(5144).

· 리승엽 연설문

존경하는 동지 여러분!

전쟁 중인 북한의 인민과 정부를 대신하여 형제국 몽골 전 인민에게 진심으로 감사를 전한다. 북한 인민과 형제인 몽골 인민이 수립한 우호를 높이 평가하고, 조국의 자유와 독립을 위해 미국 제국주의에 투쟁하는 해방전쟁에서 인도적이며 형제적인 지원을 아끼지 않은 몽골 노동자와 정부에게 뜨거운 감사를 전한다.

북한과 몽골은 소련의 지원 아래 자국의 인민민주주의를 수립하였다. 북한 인민은 조국의 자유와 독립 그리고 세계 평화를 위해 미국의 침략에 맞서 싸운지 2년이 되었다. 북한 인민의 숭고한 투쟁에 평화의 수호자인 전 인민과 소련이 지원을 보내고 있다. 미국 침략자들이 공세를 펼쳐도 북한 인민의 결연한 의지와 용기를 결코 꺾을 수 없다.

존경하는 동지 여러분!

우리는 몽골 인민혁명 31주년 기념식 참석이 매우 의미 있는 기회이라고 생각한다. 우리는 이 기회를 통해 북한 인민을 대신하여 우호와 형제적 지원에 대한 뜨거운 감사의 말을 다시 한번 전한다. 북한 대표단과 예술단의 몽골 방문으로 양국 인민의 우호와 문화 교류가 강화될 것이다.

양국 인민의 불멸한 우호를 위해 만세!

몽골 총리, 몽골인민혁명당 중앙위원회 총서기장 체덴발을 위해 만세!

친애하는 북한 인민의 지도자 김일성을 위해 만세!

친애하는 세계 노동자들의 지도자, 북한과 몽골 인민의 대원수 스탈린을 위해 만세!

Баатар ард түмний цогтой сайхан урлаг

Р. ИНЧЕН

•

몽골 문학 작가 린첸(B. Rinchen)이 쓴 '영웅적 인민의 열정적인 예술'. 『우능』 신문 1952년 7월 14일 №.166(5150).

Зохиолч Б.Ринчений бичсэн "Баатар ард түмний цогтой сайхан урлаг" хэмээх нийтлэл. "ҮНЭН" сонин 1952 оны 7-р сарын 14 №166(5150).

· 영웅적 인민의 열정적인 예술

우리 인민혁명의 위대한 축전을 위해 멀리 북한에서 참석한 것은 (울란바토르) 수도의 문화 발전에 의미있는 일이었다. 북한 배우들은 감동적인 예술을 통해 자유를 위해 싸우는 북한 인민의 민족적 용기를 보여주었다.

북한의 노래와 춤을 보면 조국과 인민을 향한 무한한 사랑, 적을 물리치고 굳건한 국가를 건설하려는 진정한 용기가 그대로 전해진다. 춤과 노래를 통해 드러난 형제적 인민의 문화는, 그들의 민족적 개성과 예술적 아름다움을 그대로 담고 있었다.

(중략)

지휘자 박광우가 이끄는 국립예술극장 합창단은 김일성의 노래, 북한 파르티잔의 노래, 조국해방전 노래를 열창하며 조국의 명예와 자유, 그리고 독립 수호의 의지를 보여주었다. 장엄한 리듬과 아름다운 선율 그리고 깊이 있는 음악적 울림은 북한 작곡가들의 뛰어난 감성과 합창단원들의 탁월한 가창력을 잘 드러냈다. 또한 합창단은 알렉산드로프의 '스탈린에 대한 칸타타'를 조선어로 부르며 민족 고유의 예술성을 표현했다.

또한 몽골 관중들은 몽골 인민들이 존경하는 체덴발 원수의 노래를 매우 감미롭게 불러 준 북한 가수의 모습에 깊은 감동을 받았다. 콜로라투라 소프라노의 섬세하고 부드러운 목소리를 들려준 가수 유은경, 드라마틱 소프라노의 힘있는 목소리를 가진 가수 전경, 그리고 남성 가수 리경팔은 조선어, 중국어, 러시아어, 몽골어로 노래를 불렀는데, 이는 몽골 관중들에게 민족 간의 깊은 우정을 아름답게 전하는 듯했다.

북한 공연 프로그램에서는 민족의 전통을 살린 무용 예술도 선보였다. 최승희가 이끄는 무용단은 인민을 위한 정의와 용기를 북돋는 열정적인 공연을 펼쳐 보였다. 최승희는 '조선의 어머니' 무용극에서 평화로운 마을이 미군의 잔혹한 공격으로 파괴되어 고통받는 인민들을 표현하였다. 그녀는 무용을 통해 적의 총탄에 자식을 잃은 어머니의 비통함과 끓어오르는 적개심, 그리고 복수를 위해 싸우는 빨치산 병사들의 투쟁을 생생하게 전해주었다. 또한 다채로운 춤사위로 재능과 끼를 뽐내는 유명 무용가 최승희의 연기가 돋보였다. 그녀는 수염과 모자를 쓴 노인이 폭풍우 치는 바다를 항해하며 빨치산의 섬으로 향하는 모습을 표현했고, '자유의 땅'이라는 작품에서는 환희에 찬 동작으로 깊은 인상을 남겼다.

최승희가 창안한 '북춤'은 몽골 고대사에 기록된 몽골의 '북춤'과 매우 유사하여, 우리나라의 전통춤을 보는 듯해 흥미로웠다. 특히 화려한 의상과 아름다운 춤동작은 몽골 전통춤과 매우 유사했다. 최승희의 예술적 감각이 담긴 무용 의상은 몽골 관객의 시선을 사로잡았으며, 무용을 통해 민족적 용기와 강인함, 삶의 진실함을 감동적으로 그려냈다. 새로운 북한 인민의 민주 예술을 아름답게 선보여 준 북한 예술가와 무용가에게 진심으로 감사드린다.

몽골 인민혁명 31주년 기념식에 참석하여 우리 문화유산의 아름다움을 선보인 것은 형제국 북한과 몽골 간의 문화적 유대를 더욱 강화하는 데 기여했다.

원수 초이발산 상賞을 수상한 린첸

№ 168 (5152) ҮНЭН 3

Солонгосын жүжигчдийн концертыг нийслэлийн хөдөлмөрчид бахдан үзэж байна

Ардчилсан Бүгд Найрамдах Солонгос Ард Улсын урлагийн зүтгэлтэн нар Улаанбаатар хотод байгаа нь

"Зураг дээр: А.Б.Н. Солонгос Ард улсын ... жүжигчин нөхөр Цой Сын Хи"

Н.ОЦОЛ-ын авсан зураг

Миний бахдал

Уксын гавьяат жүжигчин БАТ-ОЧИР

Солонгосын жүжигчдийн концертыг бахдан үзэв

Багш ШАРАВ-НЯМБУУ

Сайхан концерт

МАНИБАДАР

Маш бахтай уран сайхан

Гайхамшигт сайхан концерт

Баярын хургээ

울란바토르시 노동자들이 북한 예술단의 콘서트에 감격했다. 『우능』 신문 1952년 7월 17일 №168 (5152).

"Солонгосын жүжигчдийн концертыг нийслэлийн хөдөлмөрчид бахдан үзэж байна". "ҮНЭН" сонин 1952 оны 7-р сарын 17 №168 (5152).

· 울란바토르를 방문 중인 북한 예술단

북한 예술단은 7월 15일 스탈린 육류 콤비나트를 방문했다. 육류 콤비나트 책임자인 도르지고토프Dorjgotov 동지는 손님들을 맞이하여 공장 내부의 시설과 작업장을 보여주었다. 공장을 둘러본 후에는 북한 예술단의 공연이 펼쳐졌다. 육류 콤비나트의 홀에는 북한 국기가 게양되었다. 관객들은 북한 배우들의 공연에 큰 관심을 보이며, 감사의 뜻으로 꽃다발을 건넸다.

평양예술극장 총장 최문기 동지는 축사를 통해 투쟁하는 북한 인민에게 형제적 지원을 해준 몽골 인민과 스탈린 육류 콤비나트 노동자들에게 진심으로 감사를 표했다. 비누 공장의 근로자 돌고르Dolgor 동지는 "오늘 우리는 북한 배우들이 선보인 아름다운 무대를 감명 깊게 보았다. 우리는 이 영웅적인 북한 인민 예술가들에게 깊은 축하의 마음을 전한다."라고 말했다.

같은 날, 북한 예술단은 초이발산 공업 콤비나트를 방문하여 공업 콤비나트 내의 신발, 펠트 등의 공장을 둘러보았다. 근로자들은 북한 예술단을 따뜻하게 맞이했다. 북한 예술단은 견학을 마치고 공업 콤비나트 근로자들을 위한 음악회를 열었다. 강당은 북한 국기와 몽골 국기로 장식되었다.

관객들은 북한 예술단의 공연에 뜨거운 박수를 보내며, 몽골 민요를 북한의 정서로 노래하는 가수 유은경에게 큰 감명을 받았다. 공연은 매우 흥미로웠다. 공연 후, 평양예술극장 최문기 총장이 축사했다. 초이발산 공업 콤비나트 책임자 바트짜르갈Batjargal은 북한 예술단에 콤비나트의 제품을 소개하는 앨범을 선사했다.

북한 예술단의 작곡가 리면상, 지휘자 박광우, 가수 김경노. 『우능』 신문 1952년 7월 17일 №170 (5154).

"Умард Солонгосын урлагийн зүтгэлтэн нар. Композитор Ли Мен Сан (Ли Мйөнъсан) , хөгжмийг удирдагч Пак Кван У (Пак Гван-ү), дуучин Ким Кэн Но (Ким Гйөнно)". "ҮНЭН" сонин 1952 оны 7-р сарын 17 №170 (5154).

Ах дүү солонгосын ард түм

Цой Сын Хи

РИНЧЕН

문학 작가 린첸이 쓴 '형제적 북한 인민 예술 최승희'. 『우능』 신문 1952년 7월 20일 №.171 (5155).

Б.Ринчений бичсэн "Ах дүү солонгосын ард түмний урлаг Цой Сын Хи (Чой Сынхи)" хэмээх нийтлэл. "ҮНЭН" сонин 1952 оны 7-р сарын 20 №171 (5155).

형제적 북한 인민 예술 최승희

최승희는 15세부터 고전발레의 기법과 무용창작 이론을 익혔으며, 이후 독립투쟁의 정신을 표현한 현대무용을 창작했다. 그녀의 정교한 춤동작으로 인민의 마음을 사로잡자 최승희에 대한 일본의 감시는 날로 심해졌다. 그리하여 최승희는 조국을 떠나 도쿄로 건너갔고, 당시 도쿄에서 거주하고 있던 많은 조선인과 유학생들이 따뜻하게 최승희를 맞이해주었다. 일본의 언론과 무용계 인사들도 그녀에게 깊은 관심을 나타냈다. 무용가 최승희는 대중들에게 칭송을 받아 일본과 조선의 우호를 높였다. 또한 당시 영화 투자자는 최승희에게 거액을 제시하며 영화 출연을 제의했지만, 최승희는 이를 거절했다.

1938년부터 일본 생활이 어려워지자, 최승희는 해외에서 새로운 길을 모색할 수밖에 없었다. 중남미, 유럽을 방문하여 조선의 무용을 소개했다. 일본 정부는 최승희에게 일본 춤을 추라고 강요했지만, 그녀는 인민의 지지 속에 자본가의 선전적 춤을 출 수 없다며 일본 정부의 강요를 받아들이지 않았다. 시카고, 필라델피아, 보스턴, 파리 등의 많은 도시를 방문할 때 항상 조선 인민들을 만나 춤을 통해 그들의 의욕을 높였다. 당시 그녀가 방문한 모든 국가에 대사관과 국기가 있었지만, 조선의 대사관과 국기가 없었다는 것에 매우 애통했던 최승희는 조국 독립의 깃발을 드날리기 위해 춤으로 조국의 독립투쟁에 기여했다.

소련군이 조선을 해방할 시기 남편과 함께 북경에 체류했던 최승희는 기쁜 소식을 듣고, 날아갈 듯 기뻐하며 조국으로 돌아왔다. 조선노동당과 정부는 인민예술을 발전시키기 위해 정책을 세웠고 무용가 최승희는 기쁨에 감격하여 '해방의 노래'라는 작품을 만들었다. 최승희는 소련과 사회주의 국가에 자국 예술의 우수성을 선보이는 한편, 최대 우방국 소련으로부터 받은 예술적

영향을 높이 평가하였다.

북한 예술은 인민에게 제국주의 미국과의 투쟁에 대한 용맹을 고취했다. 북한 무용가들은 적과의 투쟁에 헌신적으로 참여했으며, 대전쟁 당시 소련 배우들이 전선을 찾아 병사들의 사기를 북돋우었던 정신을 이어 받아, 여러 군부대를 순회하며 공연을 펼쳤다. 몇몇 예술인들은 조국과 인민을 대표하여 애국 영웅의 각오로 전사했다. 북한 인민의 투쟁은 최승희의 작품을 빛나게 하였고 현재 '명예의 길'이라는 작품을 창작하여 조국을 위해 싸우는 인민에게 바쳤다.

린첸

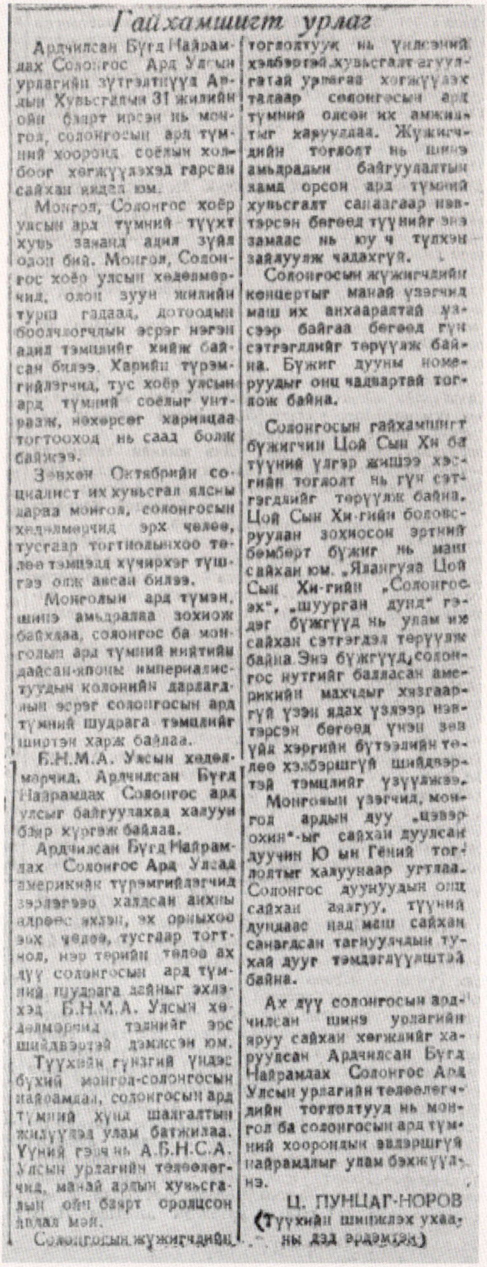

Гайхамшигт урлаг

Ардчилсан Бүгд Найрамдах Солонгос Ард Улсын урлагийн зүтгэлтнүүд Ардын Хувьсгалын 31 жилийн ойн баярт ирсэн нь монгол, солонгосын ард түмний хооронд соёлын холбоог хөгжүүлэхэд гарсан сайхан нидэл юм.

Монгол, Солонгос хоёр улсын ард түмний түүхт хувь заяанд адил зүйл олон бий. Монгол, Солонгос хоёр улсын хөдөлмөрчид, олон зуун жилийн турш гадаад, дотоодын боолчлогчдын эсрэг нэгэн адил тэмцлийг хийж байсан билээ. Харийн түрэмгийлэгчид, тус хоёр улсын ард түмний соёлыг унтраж, нөхөрсөг харилцаа тогтооход нь саад болж байжээ.

Зөвхөн Октябрийн социалист их хувьсгал ялсны дараа монгол, солонгосын хөдөлмөрчид эрх чөлөө, тусгаар тогтнолынхоо төлөө тэмцээд хүчирхэг түшгээ олж авсан билээ.

Монголын ард түмэн, шинэ амьдралаа зохиож байхдаа, солонгос ба монголын ард түмний нийтийн дайсан-японы империалистуудын колонийн дарлагдлын эсрэг солонгосын ард түмний шудрага тэмцлийг ширтэн харж байлаа.

Б.Н.М.А. Улсын хөдөлмөрчид, Ардчилсан Бүгд Найрамдах Солонгос ард улсыг байгуулахад халуун баяр хүргэж байлаа.

Ардчилсан Бүгд Найрамдах Солонгос Ард Улсад америкийн түрэмгийлэгчид зэрлэгээр халдсан анхны өдрөөс эхлэн, эх орныхоо эрх чөлөө, тусгаар тогтнол, нэр төрийн төлөө ах дүү солонгосын ард түмний шудрага дайныг эхлэхэд Б.Н.М.А. Улсын хөдөлмөрчид тэднийг эрс шийдвэртэй дэмжсэн юм.

Түүхийн гүнзгий үндэс бүхий монгол-солонгосын найрамдал, солонгосын ард түмний хүнд шалгалтын жилүүдэд улам батжилаа. Үүний гэрч нь А.Б.Н.С.А. Улсын урлагийн төлөөлөгчид, манай ардын хувьсгалын ойн баярт оролцсон явдал мөн.

Солонгосын жүжигчдийн тоглолтууд нь үндэсний хэлбэртэй хувьсгалт агуулгатай урлагаа хөгжүүлэх талаар солонгосын ард түмний олсон их амжилтыг харуулдаа. Жүжигчдийн тоглолт нь шинэ амьдралын байгуулалтын замд орсон ард түмний хувьсгалт санаагаар нэвтэрсэн бөгөөд түүнийг энэ замаас нь юу ч түлхэн зайлуулж чадахгүй.

Солонгосын жүжигчдийн концертыг манай үзэгчид маш их анхааралтай үзсээр байгаа бөгөөд гүн сэтгэгдлийг төрүүлж байна. Бүжиг дууны номеруудыг онц чадвартай тоглож байна.

Солонгосын гайхамшигт бүжигчин Цой Сын Хи ба түүний үлгэр жишээ хэсгийн тоглолт нь гүн сэтгэгдлийг төрүүлж байна. Цой Сын Хи-гийн боловсруулан зохиосон эртний бөмбөрт бүжиг нь маш сайхан юм. Ялангуяа Цой Сын Хи-гийн „Солонгос эх", „шуурган дунд" гэдэг бүжгүүд нь улам их сайхан сэтгэгдэл төрүүлж байна. Энэ бүжгүүд, солонгос нутгийг балласан америкийн махчдыг хязгааргүй үзэн ядах үзлээр нэвтэрсэн бөгөөд үнэн зөв үйл хэргийн бүтээлийн төлөө хэлбэршгүй шийдвэртэй тэмцлийг үзүүлжээ.

Монголын үзэгчид, монгол ардын дуу „цэвэр охин"-ыг сайхан дуулсан дуучин Ю ын Гений тоглолтыг халуунаар угтлаа. Солонгос дуунуудын онц сайхан аялгуу, түүний дундаас над маш сайхан санагдсан тагнуулчдын тухай дууг тэмдэглүүлмээр байна.

Ах дүү солонгосын ардчилсан шинэ урлагийн яруу сайхан хөгжлийг харуулсан Ардчилсан Бүгд Найрамдах Солонгос Ард Улсын урлагийн төлөөлөгчдийн тоглолтууд нь монгол ба солонгосын ард түмний хоорондын эвдэршгүй найрамдлыг улам бэхжүүлнэ.

Ц. ПУНЦАГ-НОРОВ
(Түүхийн шинжлэх ухааны дэд эрдэмтэн)

역사과학아카데미 부연구원 폰착노롭(Ts. Pontsag-Norov)이 쓴 '경이로운 예술'. 『우능』 신문 1952년 7월 20일 №171 (5155).

Түүхийн шинжлэх ухааны дэд эрдэмтэн Ц.Пунцагноровын бичсэн "Гайхамшигт урлаг" хэмээх нийтлэл "ҮНЭН" сонин 1952 оны 7-р сарын 20 №171 (5155).

· 경이로운 예술

인민혁명 31주년을 축하하기 위해 이루어진 북한 예술단의 몽골 방문은 양국 인민 간의 문화적 유대를 발전시키는 중요한 계기가 된다. 몽골과 북한 양국 인민의 역사적 운명은 유사하다. 수 세기 동안 몽골과 북한의 노동자들은 국내외의 압제에 맞서 함께 투쟁을 벌여 왔다. 외세의 침략자들은 양국 인민의 문화를 억압하고 우호 관계를 맺지 못하게 했다.

위대한 10월 사회주의 혁명의 승리 이후 몽골과 북한의 노동자들은 자유와 독립을 위한 투쟁에서 확고한 기반을 마련했다. 새로운 삶을 건설하는 몽골 인민들은 북한과 몽골 인민의 공동의 적인 일본 제국주의의 식민지 억압에 맞서 싸우는 북한 인민의 정의로운 투쟁을 지켜봤다. 몽골 노동자들은 조선민주주의인민공화국의 수립을 열렬히 축하했다.

북한에 대한 미국 제국주의의 야만적 침략이 시작되었을 때, 조국의 자유와 독립을 위해 떨쳐 일어난 북한 인민은 형제적 단결을 보여주었고, 몽골 노동자들은 이에 깊은 지지와 연대를 보냈다. 공동의 역사와 투쟁의 경험은 몽골과 북한 인민 간의 유대를 더욱 강하게 만들었으며, 이러한 관계는 인민혁명 기념일에 북한 대표단이 참석한 것을 통해 확인할 수 있다.

북한 배우들의 공연은 민족적 가치와 혁명 정신을 품고 예술을 발전시켜 온 북한 인민의 위대한 전통을 보여주었다. 그들의 공연에는 새로운 삶의 길을 개척해 온 인민의 혁명 정신이 깊이 스며 있었으며, 그 누구도 그 길을 멈추게 할 수 없다는 굳건한 의지가 느껴졌다.

관객들은 북한 배우들의 공연을 흥미롭게 지켜보며 깊은 감명을 받았으며, 배우들은 정교한 기교로 춤을 추었다. 북한 최고의 무용가 최승희의 공연은 깊은 감명을 주었다. 최승희의 전통 북춤은 매우 아름다웠고 특히 그녀가 창작한 '조선의 어머니'와 '풍랑을 뚫고'라는 작품이 매우 인상적이었다. 이 무용들은 북한 영토를 침략한 미국 포식자들에 대한 끝없는 증오와 정의를 위해 싸우겠다는 불굴의 의지를 잘 보여준다.

가수 유은경이 부른 몽골 민요 '순백의 소녀'는 몽골 관객들로부터 뜨거운 환영을 받았다. 북한 예술단의 공연은 형제국 북한의 민주 예술의 눈부신 발전을 보여주는 동시에, 몽골과 북한 간의 우호를 한층 강화할 것이다.

역사과학아카데미 부연구원 폰착노롭

북한 가수 유은경. 『우능』 신문 1952년 7월 20일 №171 (5155).
"А.Б.Н. Солонгос Ард Улсын дуучин Ю Ын Гён (Юү Ынъгйөн)".
"ҮНЭН" сонин 1952 оны 7-р сарын 20 №171 (5155).

북한 가수 전경. 『우능』 신문 1952년 7월 22일 №172 (5156).

"А.Б.Н. Солонгос Ард Улсын дуучин Дё Гён (Жөнъ Гйөн)". "ҮНЭН" сонин 1952 оны 7-р сарын 22 №172 (5156).

북한 예술단이 몽골 전통복을 입고 몽골 노래를 부르고 있다. 『우능』 신문 1952년 7월 29일 №178 (5162).
“А.Б.Н.Солонгос Ард Улсын хэсэг жүжигчид монгол үндэсний хувцас өмсөж, Монголын тухай зохиосон дуугаа дуулж байна”. “ҮНЭН” сонин 1952 оны 7-р сарын 29 №178 (5162).

2. 북한 『로동신문』

Умард Солонгосын "Родон Синъмүнъ" сонин

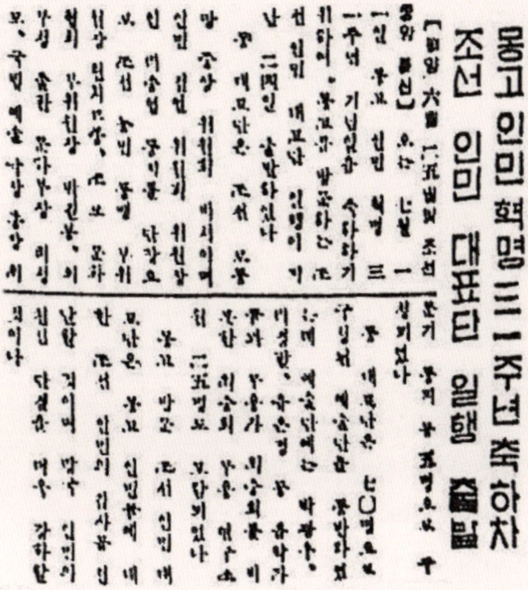

몽고 인민 혁명 三一주년 축하차
조선 인민 대표단 일행 출발

[illegible]

몽고 인민 혁명 31주년 축하차 조선 인민 대표단 일행 출발. 『로동신문』 1952년 6월 28일.

"Монгол Ардын Хувьсгалын 31 жилийн ойн баярт оролцохоор Солонгосын ард түмний төлөөлөгчид мордов". "Родон Синъмүнъ" 1952 оны 6-р сарын 28.

· 몽고 인민 혁명 31주년 축하차 조선 인민 대표단 일행 출발

【평양 6월 25일발 조선 중앙 통신】

오는 7월 11일 몽고 인민 혁명 31주년 기념일을 축하하기 위하여 몽고를 방문하는 조선 인민 대표단 일행이 지난 24일 출발하였다. 동 대표단은 조선 로동당 중앙 위원회 비서이며 인민 검열 위원회 위원장인 리승엽 동지를 단장으로 조선 농민 동맹 부위원장 현칠종, 조쏘 문화 협회 부위원장 박길룡, 외무성 출판 문화부장 리성모, 국립 예술 극장 총장 최문기 동지 등 5명으로 구성되였다. 동 대표단은 70명으로 구성된 예술단을 동반하였는데 예술단에는 박광우, 리경팔, 유은경 등 음악가들과 무용가 최승희를 비롯한 최승희 무용 연구소원 25명도 포함되였다. 몽고 방문 조선 인민 대표단은 몽고 인민들에 대한 조선 인민의 감사를 전달할 것이며 량국 인민의 친선 단결을 더욱 강화할 것이다.

【Пхйөн-янаас 6-р сарын 25-нд мэдээлсэн Солонгосын мэдээллийн төв агентлагийн мэдээ】

Ирэх 7-р сарын 11-нд болох Монгол Ардын Хувьсгалын 31 жилийн ойд баяр хүргэхээр Монголд айлчлах Солонгосын ард түмний төлөөлөгчид өнгөрсөн 24-нд мордов. Тус Засгийн газрын төлөөлөгчдийн багийг Солонгосын Хөдөлмөрийн Намын Төв Хорооны нарийн бичгийн дарга, Ардын хянан шалгах комиссын дарга Ли Сын-йөб тэргүүлж, Солонгосын тариачны холбооны даргын орлогч Хйөнъ Чилжон, Зөвлөлт Холбоот Улстай соёлоор харилцах хорооны даргын орлогч Пак Гир-ён, Гадаад Явдлын Яамны Соёл, хэвлэлийн хэлтсийн даргын орлогч Ли Сөнмо, Улсын уран сайхны театрын дарга Чой Мүнъги нарын 5 хүний бүрэлдэхүүнтэй ажээ. Төлөөлөгчдийг Пак Гйөн-о, Ли Гйөнпаль, Юү Ынъгйөн зэрэг хөгжимчид, бүжигчин Чой Сынхи буюу Чой Сынхи-гийн бүжгийн хамтлагийн 25 гишүүн зэрэг 70 хүний бүрэлдэхүүнтэй урлагийн хамтлаг дагалдан явав. Солонгосын төлөөлөгчид Солонгосын ард түмний талархлыг Монголын ард түмэнд уламжилж, хоёр орны ард түмний найрамдал, эв нэгдлийг улам бэхжүүлэх болно..

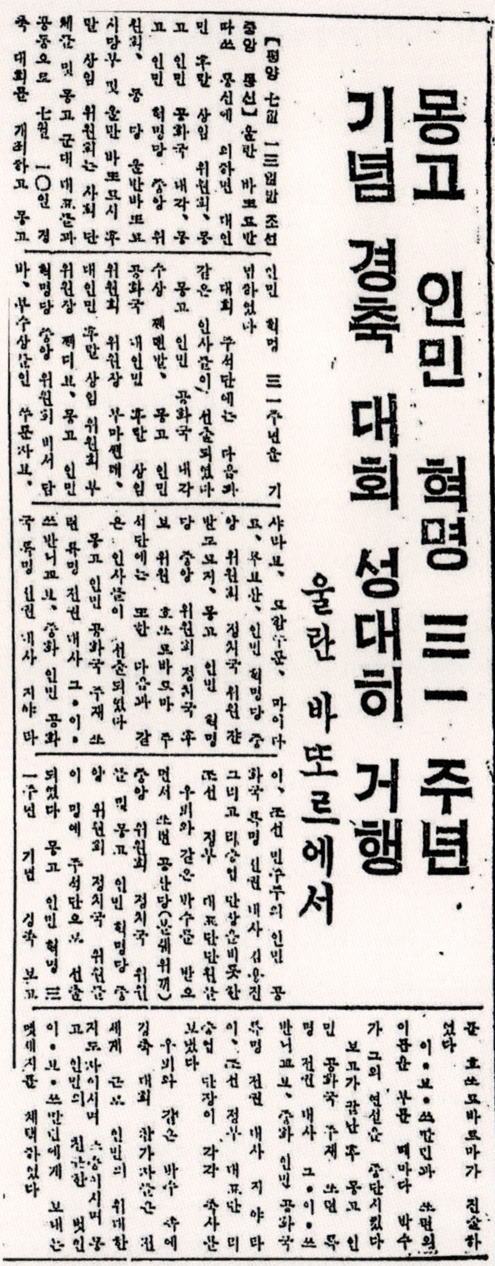

몽고 인민 혁명 三一 주년 기념 경축 대회 성대히 거행

울란 바또르에서

【평양 七월 一三일발 조선 중앙 통신】울란 바또르발 따쓰 통신에 의하면 대인민 후랄 상임 위원회, 몽고 인민 공화국 내각, 몽고 인민 혁명당 중앙 위원회, 중 당 울란바또르 시당부 및 울란 바또르시 후랄 상임 위원회는 사회 단체들 및 몽고 군대 대표들과 공동으로 七월 一〇일 경축 대회를 개최하고 몽고 인민 혁명 三一주년을 기념하였다

대회 주석단에는 다음과 같은 인사들이 선출되였다

몽고 인민 공화국 내각 수상 쩨덴발, 몽고 인민 공화국 대인민 후랄 상임 위원회 위원장 부마쩬데, 대인민 후랄 상임 위원회 부위원장 쩨디브, 몽고 인민 혁명당 중앙 위원회 비서 담바, 부수상들인 수룬자브, 샤마보, 모함주룬, 마이다르, 무르산, 인민 혁명당 중앙 위원회 정치국 위원 잔발도르지, 몽고 인민 혁명당 중앙 위원회 정치국 후보 위원 호르로바마 주석단에는 또한 다음과 같은 인사들이 선출되였다

몽고 인민 공화국 주재 쏘련 특명 전권 대사 그·이·쓰반니꼬브, 중화 인민 공화국 특명 전권 대사 지야다이, 조선 민주주의 인민 공화국 특명 전권 대사 신웅진 그리고 타 상업 단상을 비롯한 조선 정부 대표단 단원들

우뢰와 같은 박수를 받으면서 쏘베트 공산당(볼쉐위끼) 중앙 위원회 정치국 위원들 및 몽고 인민 혁명당 중앙 위원회 정치국 위원들이 명예 주석단으로 선출되였다 몽고 인민 혁명 三一주년 기념 경축 보고는 호르로바마가 진술하였다

이·브·쓰딸린과 쏘련의 이름을 부를 때마다 박수가 그의 연설을 중단시켰다

보고가 끝난 후 몽고 인민 공화국 주재 쏘련 특명 전권 대사 그·이·쓰반니꼬브, 중화 인민 공화국 특명 전권 대사 지야다이, 조선 정부 대표단 미술업 단장이 각각 축사를 보냈다

우뢰와 같은 박수 속에 경축 대회 참가자들은 전 세계 근로 인민의 위대한 지도자이시며 스승이시며 몽고 인민의 친근한 벗인 이·브·쓰딸린에게 보내는 멧세지를 채택하였다

몽고 인민 혁명 31주년 기념 경축 대회 성대히 거행 울란바또르에서. 『로동신문』 1952년 7월 15일.

"Улаанбаатарт Монгол Ардын хувьсгалын 31 жилийн ойн баярын хүндэтгэлийн хуралдаан боллоо". "Родон Синъмүнъ" 1952 оны 7-р сарын 15.

· 몽고 인민 혁명 31주년 기념 경축 대회 성대히 거행 울란바또르에서

【평양 7월 13일발 조선 중앙 통신】
울란 바또르 발 따스 통신에 의하면 대인민 후랄 상임 위원회, 몽고 인민 공화국 내각, 몽고 인민 혁명당 중앙 위원회, 동 당 울란바또르 시당부 및 울란 바또르시 후랄 상임 위원회는 사회 단체들 및 몽고 군대 대표들과 공동으로 7월 10일 경축 대회를 개최하고 몽고 인민 혁명 31주년을 기념하였다. (중략) 몽고 인민 혁명 31주년 기념 경축 보고를 호쏘르바르마가 진술하였다. 스탈린과 쏘련의 이름을 부를 때마다 박수가 그의 연설을 중단시켰다. 보고가 끝난 후 몽고 인민 공화국 주재 쏘련 특명 전권 대사 그.이.쓰반니꼬브, 중화 인민 공화국 특명 전권 대사 지야 타이, 조선 정부 대표단 리승엽 단장이 각각 축사를 보냈다. 우뢰와 같은 박수 속에 경축 대회 참가자들은 전세계 근로 인민의 위대한 지도자이시며 스승이시며 몽고 인민의 친근한 벗인 이.브.쓰딸린에게 보내는 멧세지를 채택하였다.

【Пхйөн-янаас 7-р сарын 13-нд мэдээлсэн Солонгосын мэдээллийн төв агентлагийн мэдээ】
Улаанбаатар хотоос ТАСС агентлагийн мэдээлснээр БНМАУ-ын Ардын Их Хурлын Тэргүүлэгчид, БНМАУ-ын Засгийн газар, МАХН-ын Төв Хороо, Улаанбаатар хотын МАХН-ын хороо зэрэг нам олон нийттийн байгууллагууд, Монголын Ардын армийн төлөөллүүд хамтран 7-р сарын 10-ны өдөр баярын хурал зохион байгуулж Монгол Ардын хувьсгалын 31 жилийн ойг тэмдэглэн өнгөрүүллээ. (товчлов)
Нөхөр Сосорбарам Монгол ардын хувьсгалын 31 жилийн ойн баярт зориулсан илтгэлийг танилцуулав. Сталин, ЗХУ-ын тухай дурдах болгонд алга ташилт нижигнэн түүний илтгэлийг тасалдуулж байв. Илтэл дууссаны дараа ЗХУ-аас БНМАУ-д суугаа

Онц бөгөөд Бүрэн эрхт Элчин сайд

Г.И.Иванников, БНХАУ-аас БНМАУ-д суугаа Онц бөгөөд Бүрэн эрхт Элчин сайд Заяатай, Солонгосын Засгийн газрын төлөөлөгчдийн тэргүүн Ли Сын-йөб нар тус тус баяр хүргэж үг хэлэв. Баярын хуралд оролцогчид нижигнэсэн алга ташилтын дунд дэлхийн хөдөлмөрчин ард түмний аугаа удирдагч, багш, Монголын ард түмний дотнын анд И.В.Сталинд илгээлт илгээв.

몽고 방문 조선 정부 대표단 귀국

【평양 七월 二五일발 조선중앙 통신】 몽고 인민 혁명 三一주년을 축하하여 몽고를 방문하였던 조선 로동당 중앙 위원회 비서이며 인민 위원회 위원 위원장인 리승엽 동지를 단장으로 하는 조선 정부 대표단 일행은 임무를 끝마치고 지난 一九일 귀국하였다.

동 대표단은 몽고 인민군에 대한 조선 인민의 감사를 전달함과 함께 량국 인민의 친선 단결을 더욱 강화하는데 기여하였다

몽고 방문 조선 정부 대표단 귀국. 『로동신문』 1952년 7월 29일.
"Монголд айлчилсан Умард Солонгосын Засгийн газрын төлөөлөгчид эх орондоо ирлээ". "Родон Синъмүнъ" 1952 оны 7-р сарын 29.

· 몽고 방문 조선 정부 대표단 귀국

【평양 7월 25일발 조선 중앙 통신】

몽고 인민 혁명 31주년을 축하하여 몽고를 방문하였던 조선 로동당 중앙 위원회 비서이며 인민 검열 위원회 위원장인 리승엽 동지를 단장으로 하는 조선 정부 대표단 일행은 임무를 끝마치고 지난 19일 귀국하였다. 동 대표단은 몽고 인민들에 대한 조선 인민의 감사를 전달함과 함께 량국 인민의 친선 단결을 더욱 강화하는 데 기여하였다.

【Пхйөн-янаас 7-р сарын 25-нд мэдээлсэн Солонгосын мэдээллийн төв агентлагийн мэдээ】

Монгол Ардын хувьсгалын 31 жилийн ойг тэмдэглэхээр Солонгосын Хөдөлмөрийн Намын Төв Хорооны нарийн бичгийн дарга, Ардын хянан шалгах комиссын дарга Ли Сын-йөб тэргүүтэй Солонгосын Засгийн газрын төлөөлөгчид 19-ний өдөр үүрэгт ажлаа дуусгаад эх орондоо ирлээ. Төлөөлөгчид Солонгосын ард түмний талархлыг Монголын ард түмэнд уламжилж, хоёр орны ард түмний найрамдал, эв нэгдлийг улам бэхжүүлэхэд хувь нэмрээ оруулсан юм.

예술가 영예 칭호 심사 위원회 조직

위원장 홍명희 위원 박창옥
위원 허정숙 위원 한설야
위원 조일명

몽고 방문 조선 정부 대표단 단장 리승엽 동지 귀환담 발표

몽고 방문 조선 정부 대표단 단장 리승엽 동지 귀환담 발표. 『로동신문』 1952년 7월 31일.

“Монголд айлчилсан Солонгосын Засгийн газрын төлөөлөгчдийн тэргүүн, нөхөр Ли Сын-йөб буцаж ирсэн талаараа мэдээлэл өгөв”. “Родон Синъмүнъ” 1952 оны 7-р сарын 31.

· 몽고 방문 조선 정부 대표단 단장 리승엽 동지 귀환담 발표

【평양 7월 29일발 조선 중앙 통신】

몽고 인민 혁명 31주년을 축하하여 몽고를 방문하였던 조선 정부 대표단 단장 리승엽 동지는 다음과 같은 귀환담을 발표하였다. 우리 대표단 일행이 몽고에 도착한 첫날부터 전체 몽고 인민들은 형제적 친선의 정으로 맞아 주었으며 열렬한 환영을 보내여 주었다. 우리 대표단을 환영하여 국경 도시 수헤바또르에는 몽고 인민 혁명당 비서 쏘쏘르 바르마 동지를 비롯한 당과 정부 인사들이 출영하여 주었으며 시민들은 군중 대회를 열고 우리를 열렬히 맞이하여 주었다. 몽고의 수도 울란바또르에 도착한 이후 우리 대표단 일행은 울란바또르와 그 주변 일대의 생산 직장과 문화 시설들을 시찰하였다. 가는 곳마다에서 우리들은 로동자, 농민, 문화인 등 각계 각층 인민들의 열렬한 환영을 받았다.

(중략)

우리 대표단 일행이 가는 곳마다에서 몽고의 남녀 근로 인민들은 『영웅적 조선 인민』, 『형제적 조선 인민』에 대한 뜨거운 사랑을 표시하였으며 조선 인민의 정의로운 투쟁을 끝까지 원조하겠다는 굳은 신념을 피력하였다. 7월 7일 우리 대표단 일행은 몽고 인민 혁명당 총비서이며 몽고 인민 공화국 내각 수상인 쩨덴발 동지와 회견하였다. 쩨덴발 동지는 미제 침략자를 반대하여 영웅적 투쟁을 계속하고 있는 조선 인민들에게 열렬한 축하를 보내면서 전체 몽고 인민들은 조선 인민의 종국적 승리를 확신하고 있으며 끝까지 조선 인민의 투쟁을 원조할 결의에 불타고 있다고 우리를 격려하여 주었다. 우리 대표단은 우리의 투쟁을 지성으로 원조하여 주는 형제적 몽고 인민들에 대한 조선 인민의 친애감과 심심한 감사의 뜻을 전달하였다. 7월 10일 우리 대표단 일행은 울란바또르 대극장에서 열린 몽고 인민 혁명 31주년 기념 보고 대회에 참석하였다. 전체 대회 참가자들은 우리를 싸우는 조선 인민과 공화국 정부의 대표로 열렬히 환영하여 주었다. 몽고 인민의 영예로운 민족적 명절을 축하하여 우리 대표단은 전체 몽고 인민과 그의 정부와 몽고 인민 혁명당에 충심으로부터의 축하를 보내는 동시에 조선 인민의 형제적 친선감을 표시하는 축기를 증정하였다. 몽고 인민 혁명 31주년을 기념하는 력사적인 축전은 7월 11일 울란바또르시의 수헤바또르 광장에서 거행되였다. 몽고 인민의 강대한 무장력인 몽고 인민 혁명군 각 병종의 열병식에 뒤이어 수만명 군중 참가 하에 진행된 군중 대회와 시위 행진은 이 력사적인 민족적 명절을 축하하며 평화와 민주주의를 위하여 쏘련을 위시한 국제 평화 옹호 진영에 튼튼히 결속된 몽고 인민의 지대한 력량을 시위하였다. 시위자들은 미국 간섭자들을 반대하여 영웅적으로 투쟁하고 있는 조선 인민들에 대한 형제적 련대성을 표시하면서 "김일성 장군 만세!", "영웅적 조선 인민 만세!"를 소리 높이 웨치였으며 김일성 장군의 초상화와 공화국 깃발을 들고 행진하였다. 시위자들은 또한 싸우는 조선 인민을 찬양하여 "쏠롱고스아르드 우라!(조선 인민 만세)"라고 련호하였다.

(중략)

금번의 몽고 방문을 통하여 우리 대표단은 조선 인민의 정의의 투쟁을 원조하려는 몽고 인민의 열의가 얼마나 크며 진실한 것인가를 일층 똑똑히 알았으며 공동의 원쑤를 무찌르는 정의의 싸움에서 이루어진 량국 인민의 친선 단결이 얼마나 견고한 것인가를 더욱 절실히 느끼였다. 몽고 인민들은 우리 대표단을 통하여 형제적 조선 인민들이 종국적 승리를 쟁취할 때까지 원조를 계속하려는 자기들의 결의를 전달하여 달라고 말하였다. 우리 대표단의 몽고 방문을 계기로 하여 량국 인민의 친선 단결은 더욱 강화되였다. 우리들은 몽고 인민의 이 지성어린 원조에 보답하기 위하여 경애하는 수령 김일성 장군 주위에 더욱 굳게 뭉치여 더욱 용감하고 힘찬 투쟁을 전개하여야 할 것이다.

【Пхйөн-янаас 7-р сарын 29-нд мэдээлсэн Солонгосын мэдээллийн төв агентлагийн мэдээ】

Монгол Ардын хувьсгалын 31 жилийн ойд баяр хүргэж Монголд айлчилсан Солонгосын Засгийн газрын төлөөлөгчдийн тэргүүн, нөхөр Ли Сын-йөб буцаж ирсэн талаар дараах мэдээллийг өгөв. Манай төлөөлөгчдийг Монголд очсон анхны өдрөөс эхлэн Монголын нийт ард түмэн ах дүүгийн найрамдалт, халуун дотноор угтан авлаа. Манай төлөөлөгчдийг угтан авахаар Монгол Ардын Хувьсгалт Намын Нарийн бичгийн дарга Сосорбарам тэргүүтэй нам, төрийн зүтгэлтнүүд хилийн хот болох Сүхбаатарт хүрэлцэн ирлээ. Тус хотын ард иргэд олон нийтийн цуглаан хийж биднийг халуун дотноор угтан авлаа. Манай төлөөлөгчид Монгол Улсын нийслэл Улаанбаатар хотод хүрэлцэн очсоны дараа Улаанбаатар хот болон ойр орчмын үйлдвэрлэл, соёлын байгууллагуудтай танилцлаа. Очсон газар бүрд хөдөлмөрчид, тариаланчид, соёл урлагийн зүтгэлтнүүд гэх зэрэг янз бүрийн анги давхаргын ардууд биднийг халуун дотноор угтан авч байлаа.

(товчлов)

Манай төлөөлөгчдийн очсон газар бүрд Монголын эрэгтэй, эмэгтэй хөдөлмөрчин ардууд "Баатарлаг Солонгосын ард түмэн", "Ах дүү Солонгосын ард түмэн"-д халуун хайртайгаа илэрхийлж, Солонгосын ард түмний шударга тэмцлийг эцсээ хүртэл дэмжихээ тууштай илэрхийлж байв. 7-р сарын 7-нд манай төлөөлөгчид МАХН-ын Ерөнхий нарийн бичгийн дарга, БНМАУ-ын Ерөнхий сайд, нөхөр Цэдэнбалтай уулзав. Нөхөр Цэдэнбал Америк империалист түрэмгийлэгчдийн эсрэг баатарлаг тэмцлээ үргэлжлүүлж буй Солонгосын ард түмэнд халуун баяр хүргэж, Монголын нийт ард түмэн Солонгосын ард түмний туйлын ялалтад итгэлтэй байгаа бөгөөд тэдний тэмцлийг эцсээ хүртэл дэмжих шийдвэр төгс байна хэмээн биднийг хөхиүлэн дэмжиж байв. Манай төлөөлөгчид бидний тэмцлийг чин сэтгэлээсээ дэмжиж буй ах дүү Монголын ард түмнийг Солонгосын ард түмний хайрлан хүндэтгэж, гүнээ талархаж явдгаа илэрхийлэв. 7-р сарын 10-ны өдөр Улсын Хөгжимт Драматик Театрт болсон Монгол Ардын хувьсгалын 31 жилийн ойн баярын хүндэтгэлийн хуралдаанд манай төлөөлөгчид оролцлоо. Нийт оролцогчид биднийг дайтаж буй Солонгосын ард түмэн, бүгд найрамдах улсын засгийн газрын төлөөлөл хэмээн халуун дотноор угтан авлаа. Монголын ард түмний эрхэмсэг үндэсний их баяр наадмын мэнд дэвшүүлж манай төлөөлөгчид Монголын нийт ард түмэн, түүний засгийн газар, МАХН-д чин сэтгэлийн мэндчилгээ дэвшүүлэхийн зэрэгцээ, Солонгосын ард түмний ахан дүүсийн найрамдлыг илэрхийлсэн баярын тугийг гардуулав. Монгол Ардын хувьсгалын 31 жилийн ойн түүхэн баяр 7-р сарын 11-ний өдөр Улаанбаатар хотын Сүхбаатарын талбайд боллоо. Монголын ард түмний хүчирхэг зэвсэгт хүчин болох Монгол Ардын Хувьсгалт Цэргийн төрлийн цэрэг тус бүрийн парадын араас олон арван мянган хүн оролцсон нийтийн жагсаал цуглаан нь энэхүү үндэсний түүхэн баярын мэнд дэвшүүлж, энх тайван, ардчиллын төлөө ЗХУ тэргүүтэй олон улсын энх тайвныг хамгаалах лагерьт бат нэгдсэн Монголын ард түмний туйлын их хүч чадлыг харууллаа. Жагсаалд оролцогчид Америкийн интервенцийг эсэргүүцэн баатарлагаар тэмцэж буй Солонгосын ард түмэнтэй ах дүүгийн эв нэгдэлтэй байгаагаа илэрхийлж, “Ким Ир Сен жанжин мандтугай!”, “Баатарлаг Солонгосын ард түмэн мандтугай!” хэмээн чанга дуугаар хашгирч, Ким Ир Сен жанжны хөрөг, бүгд найрамдах улсын далбааг барин жагсав. Жагсаалд оролцогчид “Солонгос ард ура!” (Солонгос ард түмэн мандтугай!) хэмээн тулалдаж буй солонгосын ард түмнийг магтан сайшааж байв.

(товчлов)

Манай төлөөлөгчид Монголд хийсэн энэхүү айлчлалаараа Солонгосын ард түмний шударга тэмцлийг дэмжиж туслахыг хүссэн Монголын ард түмний чин сэтгэл хэчнээн их бөгөөд үнэн бэ гэдгийг улам бүр мэдэрлээ. Нийтийн дайсныг дарах шударга тэмцлийн дунд бүрэлдэн бий болсон манай хоёр улсын ард түмний найрамдал, эв нэгдэл хэр зэрэг бат бэх болохыг бодитоор мэдэрлээ. Монголын ард түмэн ах дүү Солонгосын ард түмнийг эцсийн ялалтад хүрэх хүртэл тусламж үзүүлэх шийдвэр төгс байгаа гэдгээ уламжилж өгөхийг хүсэв. Манай төлөөлөгчдийн Монголд хийсэн айлчлал манай хоёр орны ард түмний найрамдал, эв нэгдлийг улам бэхжүүллээ. Бид Монголын ард түмний чин сэтгэлийн тусламж дэмжлэгийн ачийг хариулахын энхрий хайрт удирдагч Ким Ир Сен жанжнаа тойрон улам бат нэгдэн нягтарч, илүү зоригтой, хүчирхэг тэмцлийг явуулбаас зохино.

몽고 방문 조선 예술단 귀환 공연회를 개최

몽고 인민 혁명 三一주년을 축하하기 위하여 조선 정부 대표단과 더불어 몽고를 방문하고 돌아온 조선 예술 대표단의 귀환 공연회가 六일 저녁에 성대히 열리었다.

공연회에는 홍명희, 허가이 양 부수상과 조선 로동당 중앙 위원회 리승엽 비서, 최고 인민 회의 상임 위원회 홍기주 부위원장을 비롯한 당과 정부의 요인들과 평양시 내외 남녀 근로자들 및 문학 예술인들이 다수 참석하였다.

공연회에는 또한 몽고 대사 싼드빌 마브단씨를 비롯하여 조선 주재 각국 대공사관원들도 초대되었다.

동 예술 대표단 일행은 지난 七월 六일 울란바토르에 도착한 후 약 二○일 동안에 몽고 각지를 순회하면서 一八회에 걸쳐 공연을 가져 몽고 인민들로부터 절찬을 받았다.

일행은 공연을 통하여 인민 혁명 三一주년을 기념하는 몽고 인민들에게 조선 인민의 축하를 전하였으며 량국 인민의 친선 단결과 문화 교류에 거대한 공헌을 하였다.

동 예술 대표단 단장 최승희 동지는 동 공연회 석상에서 몽고에 체재하는 동안 몽고 인민 공화국 내각 쩨덴발 수상을 비롯하여 몽고 인민 혁명당과 정부의 요인들과 문화 예술인들이 베풀어 준 특별한 방조와 열렬한 환영에 대하여 감사를 표시하면서 다음과 같이 보고하였다.

우리의 공연을 관람한 쩨덴발 수상과 기타 정부 요인들이 조선 민족 예술의 발전에 대한 찬사를 보내었으며 조선 예술단의 예술 공연은 몽고의 민족 예술 발전에 큰 자극과 도움을 주었다고 말하였다.

몽고 인민들은 싸우는 조선 인민들에게 깊은 동정과 형제적 단결을 표시하여 주었다.

우리의 공연을 관람한 제육 공장의 한 로동자는 "우리는 앞으로도 조선 인민들의 승리를 위하여 온갖 방조를 다할 것을 약속합니다"라고 말하였다.

공연회에서 싼드빌 라브단 몽고 대사에게 동 예술단으로부터 꽃다발 증정이 있은 후 뒤이어 다채로운 귀환 공연이 시작되었다. 공연은 만장의 갈채를 받으면서 밤 늦도록 진행되었다.

【조선 중앙 통신】

몽고 방문 조선 예술단 귀환 공연회를 개최. 『로동신문』 1952년 8월 9일.

"Монголд айлчлаад ирсэн Солонгосын урлагийн хамтлаг эргэн ирсний тоглолт зохион байгуулав". "Родон Синъмүнъ" 1952 оны 8-р сарын 9.

· 몽고 방문 조선 예술단 귀환 공연회를 개최

몽고 인민 혁명 31주년을 축하하기 위하여 조선 정부 대표단과 더불어 몽고를 방문하고 도라온 조선 예술 대표단의 귀환 공연회가 6일 저녁에 성대히 열리였다. 공연회에는 홍명희, 허가이 량 부수상과 조선 로동당 중앙 위원회 리승엽 비서, 최고 인민 회의 상임 위원회 홍기주 부위원장을 비롯한 당과 정부의 요인들과 평양시 내의 남녀 근로자들 및 문학 예술인들이 다수 참석하였다. 공연회에는 또한 몽고 대사 싼드빈 라브단씨를 비롯하여 조선 주재 각국 대공사관원들도 초대되였다. 동 예술 대표단 일행은 지난 7월 6일 울란바또르에 도착한 후 약 20일 동안에 몽고 각지를 순회하면서 18회에 걸쳐 공연을 가져 몽고 인민들로부터 절찬을 받았다. 일행은 공연을 통하여 인민 혁명 31주년을 기념하는 몽고 인민들에게 조선 인민의 축하를 전하였으며 량국 인민의 친선 단결과 문화 교류에 거대한 공헌을 하였다.

동 예술 대표단 단장 최문기 동지는 동 공연회 석상에서 몽고에 체재하는 동안 몽고 인민 공화국 내각 쩨덴발 수상을 비롯하여 몽고 인민 혁명당과 정부의 요인들과 문화 예술인들이 베풀어 준 특별한 방조와 열렬한 환영에 대하여 감사를 표시하면서 다음과 같이 보고하였다. 우리의 공연을 관람한 쩨덴발 수상과 기타 정부 요인들이 조선 민족 예술의 발전에 다대한 찬사를 보내였으며 조선 예술단의 예술 공연은 몽고의 민족 예술 발전에 큰 자극과 도움을 주었다고 말하였다. 몽고 인민들은 싸우는 조선 인민들에게 깊은 동정과 형제적 단결을 표시하여 주었다. 우리의 공연을 관람한 제육 공장의 한 로동자는 "우리는 앞으로 조선 인민들의 승리를 위하여 온갖 방조를 다할 것을 약속합니다"라고 힘차게 말하였다. 공연회에서 싼드빈 라브단 몽고 대사에게 동 예술단으로부터 꽃다발 증정이 있은 후 뒤이어 다채로운 귀환 공연이 시작되였다.

공연은 만장의 절찬을 받으면서 밤늦도록 진행되였다.【조선 중앙 통신】

Монгол Ардын хувьсгалын 31 жилийн ойд баярын мэнд хүргэхээр Солонгосын засгийн газрын төлөөлөгчдийн хамт Монголд айлчлаад эргэн ирсэн Солонгосын урлагийн хамтлаг 6-ны орой эх орондоо ирэхэд зориулсан томоохон тоглолт хийлээ. Тоглолтод Төрийн зөвлөлийн ерөнхий сайдын орлогч Хон Мйөнхый, Хө Га-и, Солонгосын Хөдөлмөрийн Намын Төв Хорооны нарийн бичгийн дарга Ли Сын-йөб, Ардын дээд хурлын тэргүүлэгчдийн дэд дарга Хон Гижү тэргүүтэй нам, төр засгийн зүтгэлтнүүд, Пхйөнян хотын эрэгтэй, эмэгтэй хөдөлмөрчид, уран бүтээлчид оролцов. Мөн БНМАУ-аас тус улсад суугаа элчин сайд Сандивын Равдан болон БНАСАУ-д суугаа олон улс орны дипломат

төлөөлөгчийн газрын ажилтнууд уригдан оролцов. Тус хамтлаг 7-р сарын 6-нд Улаанбаатарт хүрэлцэн очсоныхоо дараа Монгол орноор 20 орчим хоног тойрон аялахдаа 18 удаа тоглолт хийж, Монголын ард түмнээс өндөр үнэлгээ авсан байна. Тус хамтлаг урлагийн тоглолтоор дамжуулан Ардын хувьсгалын 31 жилийн ойн баярыг тэмдэглэж буй Монголын ард түмэнд Солонгосын ард түмний баярын мэндийг уламжилж, хоёр улсын ард түмний найрамдал, эв нэгдэл, соёлын солилцоонд томоохон хувь нэмэр оруулсан юм. Тус хамтлагийн тэргүүн нөхөр Чой Мүнъги Монголд байх хугацаандаа БНМАУ-ын Ерөнхий сайд Цэдэнбал болон Монгол Ардын Хувьсгалт Нам, засгийн газрын томоохон зүтгэлтнүүд, урлаг, соёлын зүтгэлтнүүдийн зүгээс тэдэнд үзүүлсэн онцгой анхаарал, халуун дотноор хүлээн авсан явдалд талархаж буйгаа илэрхийлэв. Тэрээр хэлэхдээ, манай тоглолтыг үзсэн Ерөнхий сайд Цэдэнбал болон бусад төрийн албан хаагчид Солонгосын үндэсний урлагийн хөгжлийг ихэд бахдан сайшааж, Солонгосын урлагийн хамтлагийн тоглолт Монголын үндэсний урлагийг хөгжүүлэхэд ихээхэн түлхэц, тус боллоо хэмээн хэлсэн билээ. Монголын ард түмэн байлдаж буй Солонгосын ард түмэнтэй гүн бат санаа, ах дүүгийн эв нэгдэлтэй байгаагаа илэрхийлсэн. Бидний тоглолтыг үзсэн Мах комбинатын нэгэн ажилчин "Бид цаашдаа Солонгосын ард түмнийг ялалтад хүргэхийн тулд чадлынхаа хэрээр туслахаа амлаж байна" гэж итгэлтэйгээр хэлж байсан билээ. Тоглолтын үеэр тус хамтлагийнхан Монгол Улсын Элчин сайд Сандивын Равданд цэцгийн баглаа өргөн барьж, дараа нь эрхэмсэг сайхан тоглолт толилуулав. Үзэгчдээс өндөр үнэлгээ авсан тоглолт шөнө дөл болтол үргэлжлэв. 【Солонгосын мэдээллийн төв агентлагийн мэдээ】

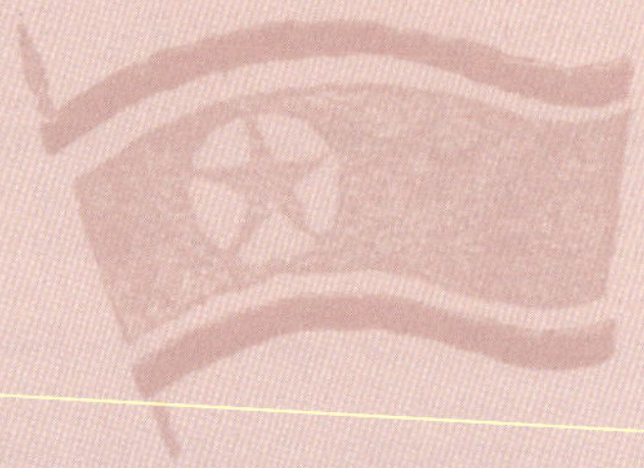

СОЛОНГОС БА МОНГОЛЫН ЖҮЖИГЧДИЙН НЭГДСЭН КОНЦЕРТЫН ПРОГРАММ

1952
Улаан-Баатар.

북·몽 예술인 연합 콘서트 프로그램. 몽골 국립중앙문서보관소 역사자료실 X-13, Д-1, Хн-305.

Умард Солонгос ба Монголын жүжигчдийн нэгдсэн концертын программ.
МУҮТА, ТБА, Х-13, Д-1, Хн-305.

부록

Хавсралт

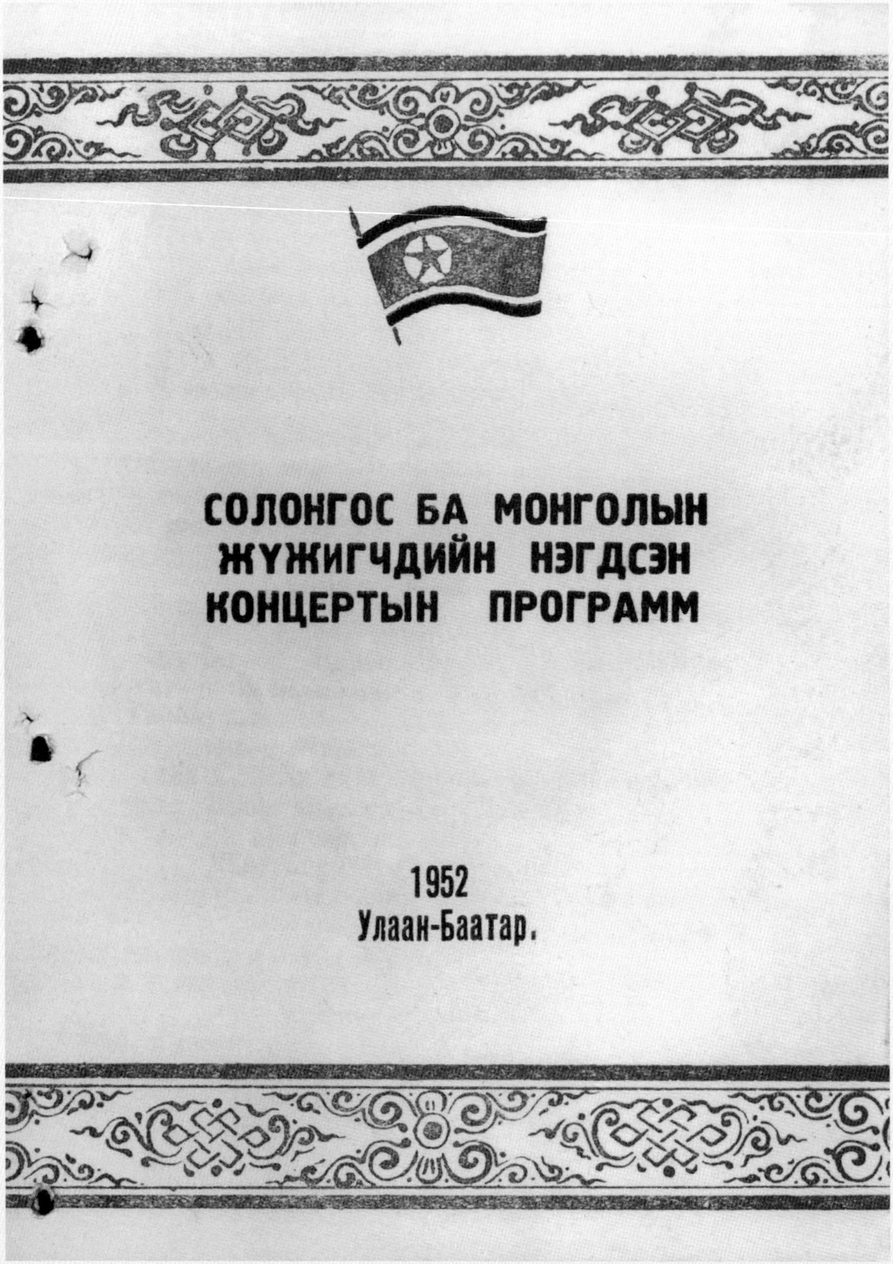
СОЛОНГОС БА МОНГОЛЫН
ЖҮЖИГЧДИЙН НЭГДСЭН
КОНЦЕРТЫН ПРОГРАММ
1952
Улаан-Баатар.

СОЛОНГОС БА МОНГОЛЫН ЖУЖИГЧ-ДИЙН НЭГДСЭН КОНЦЕРТЫН ПРОГРАММ

1. Нэгдсэн хор ба Улсын Хөгжимт Драматик Театрын симфони оркестороор:

а. Сталины тухай кантат.

Александровын хөгжим.

Дуучин Син Юн Гугээс голлон дуулна.

б. Ким Ир Сений тухай дуу.

Ким Вон Гюны хөгжим,

в. Чойбалсангийн тухай дуу.

Мөрдоржийн хөгжим.

Дирижер маршал Чойбалсангийн шагналт урлагийн гавьяат зүтгэлтэн Дамдинсүрэн

2. Солонгосын ардын үндсэний хөгжмийн ансамблиар

Солонгос ардын дуу.

3. „Ар хөвч" ардын уртын дуу.

Жүжигчин Янжинлхамаас, Улсын гавьяат жүжигчин Жамьянгийн морин хууртай

4. Танцнууд:

а. Солонгос бүжиг.

Цой Сын Хи-гийн танцны группийн жүжигч-дээс голлон тоглогч Хен Дэн Суг

б. Анчин ба зээр.

Дамдинсүрэнгийн хөгжим.

Жүжигчин Дашдулам, Булуухүү. Сэвжид нараас

5. Жүжигчин Пүрэвдорж:

а. Салхины эсрэг

Ежекийн хөгжим.

б. Ганган хул.

ардын дуу.

Навтиковын рояльтай

6. Танцнууд:

1

а. Монгол үндсэний биелэг.
Цой Сын Хи-гийн танцны группийн жүжигчдээс.

б. Дөрвөд биелэл.
мөн жүжигчдээс.

в. Ян Сан До гэдэг солонгос бүжиг.
Улсын Хөгжимт Драматик Театрын танцны жүжигчдээс

г. Хаврын дуу гэдэг солонгос бүжиг.
Жүжигчин Дашдулам, Балдандорж нараас.

7. Жүжигчин Гвон Он Хан:

а. Дайснаа ялаад буцаж ирэв.
Пак Хан Гю-гийн хөгжим.

б. Алс холд.
Носовын хөгжим.

8. Солонгос эх гэдэг танц.
Цой Сын Хи-гийн найруулга.
Цой Сын Хи өөрийн группийн 8 жүжигчидтэй тоглоно

ХОЁРДУГААР ХЭСЭГ

1. Хор акапелла.
Улсын Хөгжимт Драматик Театрын жүжигчид

а. Магнаг үсэгтэй туг.
Лувсаншаравын найруулга.

б. Аль нь юм бол доо.
Доёддоржийн найруулга.
дирижер Чимиддорж.

2. Танцууд.

а. Шинь Жаны танц.
Цой Сын Хи-гийн найруулга.
Цой Сын Хи-гийн танцны группийн жүжигчин Хэн Чён Суг, Чен Хон, Чо Хан Гу нараас.

б. Орос танц.
Пелзаагийн найруулга.

2

Улсын Хөгжимт Драматик театрын танцны жүжигчдээс.

3. Чойбалсангийн шагналт улсын гавьяат жүжигчин Цогзолмаа

а. Сталин

Лувсаншаравын хөгжим.

б. Шо Ра Джи

солонгос ардын дуу.

в. Оюутны найрын дуу.

Островскийн хөгжим.

4. Танцууд:

а. Баясгалант хүү.

Цой Сын Хи-гээс

б. Эртний танц.

Жамьянгийн хөгжим.

Улсын театрын балетын эмэгтэй жүжигчдээс.

5. Жүжигчин Ли Ген Пар.

а. Партизаны тухай дуу.

Пак Хан Гю- гийн хөгжим.

б. Бородины „Игорь ноён“ гэдэг оперын Игорийн дуу.

6. Бөмбөртэй солонгос танц.

Цой Сын Хи-гийн найруулга.

Цой Сын Хи-гийн танцын группийн жүжигчдээс.

7. Жүжигчин Ю Ын Ген

а. Гандий мод монгол ардын дуу.

б. Композитор Россиникийн зохиосон „Севиль хотын үсчин“ гэдэг оперын Розенагийн дуу.

8. Ардчилсан Солонгос улсын уран сайхны театрын хорын жүжигчдээс.

а. Сүхбаатарын морин цэрэг.

Гончигсумлаагийн хөгжим.

3

б. Эх орноо хамгаалахад.
Туликовын хөгжим.

в. Аз жаргалтай нутаг.
Ли Мен Саны хөгжим.

г. Бон Сен По гэдэг буудлын завьчны дуу
Хван Хакны Гыны найруулга.

Юн Сон Нам, Ким Хон Гир нараас
голлон тоглоно.

дириёр Пак Кван У.

А

ПРОГРАММА ОБЪЕДИНЕННОГО КОНЦЕРТА КОРЕЙСКИХ И МОНГОЛЬСКИХ АРТИСТОВ

1. Объединенный хор и симфонический оркестр Гос. Монг. театра исполняет:

   а) Кантата о Сталине. Муз Александрова.
   Солист Син Юн Гу.

   б) Песня о Ким Ир Сене.
   Слова Ли Чан.
   Музыка Ким Вон Гюн.

   в) Песня о Чойбалсане.
   Муз. Мурдоржи.

2. Ансамбль корейских нац. инструментов исполнит корейскую народную песню.
   Арт. Че Ок Сам, Ли Дюн, Дю, Пе Ду И, Ким Чун Ха и Ким Ен Чжу.

3. „Ар хувч"—монгольская народная, протяжная песня, исполняет арт. Янжинлхам в сопровождении моринхура засл. арт. респ. Жамьяна.

4. ТАНЦЫ:

   а) Упражнения корейского национального танца; Постановка Цой Сын Хи.
   Исп. Хен Ден Сук и 12 арт. танцевальной группы Цой Сын Хи.

   б) Дзерна и охотник—муз. Дамдинсурена.
   Исп. арт. Дашдулма, Булуху и Сэвжит.

5. Артист Пурэвдорж исполнит;

   а) „Против ветра" муз. Ежек.

   б) „Ганган хул". Монг. народная песня.
   Партию рояля Г. И. Навтиков.

Т а н ц ы:

   а) Монгольский танец „Биелэг".

5

Исп. арт. танцевальной группы Цой Сын Хи.

б) Дюрбетский танец с чашечками в том же исполнении.

в) „Ян сан до“—танец

Исп. арт. балета группы монг. театра.

г) „Песня весны“. Корейский танец.

Исп. арт. Дашдулма и Балдандорж.

7. Артистка Гвон Он Хан исполнит:

а) „Возвращайся с победой. Муз. Пак Хан Гю. Слова Ан Мак.

б) „Далеко, далеко“ Муз. Носова. Партию рояля Пек Ун Бок.

8. „Корейская мать“. Постановка Цой Сын Хи. Исп. Цой Сын Хи с 8-ю артистами своей группы.

Аккомпонирует нац. оркестр под руководством Чек Ок С м

Занавес.

II-ое Отделение.

1. Хор акапелла Монгольского Государственного театра исполнит:

а) «Знамя партизан». Обработка для хора Лувсаншарапа.

б) „Который из них“—обработка для хора Доедорж. Дирижер Чимиддорж.

2. Танцы:

а) Шиньжанский танец.

Постановка танца Цой Сын Хи.

Исп. арт. балетной группы Цой Сын Хи, Хен Ден Сук, Чен Хон и Чо Хан Гу.

б) Русский танец. Муз. обр. Дашцэвэг, постановка танца Пилза.

6

Исп. атр. балет Монг. Гос. театра.

3. Лауреат Чойбалсановской премии, засл. арт. респ. Цогзолма исполнит:

а) Сталин—муз. Лувсаншарава,

б) По Ра Джи—корейская песня.

в) Студенческая застольная—муз. Островского.

4. Танцы:

а) „Веселый мальчик".

Исп. Цой Сын Хи.

б) Старинный женский танец.

Муз. Жамьяна

Исп. балетные артисты Монг. Гос. театра.

5. Арт. Ли Ген Пар исполнит;

а) Песня о партизанах. Муз. Пак Хан Гю.

б) Ария Игоря из оперы Бородина „Князь Игорь".

6. Танец с барабанами.

Постановка танца Цой Сын Хи.

Исп. арт. балетной группы Цой Сын Хи.

6. Артистка Ю Ын Ген исполнит:

а) Ганди мод—монгольская народная песня.

б) Ария Розины из оперы Россини „Севильский цирюльник".

Партию рояля Пек Ун Бок.

8. Хор Гос. корейского художественного театра исполняет:

а) Кавалерийская Сухэ-Батора—муз. Гончиксумла.

б) „На защиту Родины" Муз. Туликова

в) „Счастливая земля". Муз. и слова Ли Мен Сана.

г) Песня лодочника порта Боп Сен По

Муз. Ан Ги Ок.

Обработал для хора Хван Хак Гын

Солисты Юн Сон Нам, Ким Хон Гир.

Дирижер Пак Кван У.

7

· 북·몽 예술인 연합 콘서트 프로그램

1. 연합 합창단과 국립음악드라마극장 심포니 오케스트라

a. 스탈린에 대한 칸타타

알렉산드로프Aleksandrov 작곡

가수 신윤고

б. 김일성 장군의 노래

김원균 작곡

в. 초이발산의 노래

머르도르찌Mordorj 작곡

원수 초이발산 상償을 수상한 공로예술인 담딘수렌Damdinsuren

2. 북한 민족 음악 앙상블

북한 인민의 노래

3. '아르 헙치Ar khovch' 인민 장가

배우 얀찐르함Yanjinlkham, 국가 공로배우 짜미얀Jamiyan의 마두금 연주

4. 무용

a. 북한 무용.

〈최승희 무용소〉 단원 소속 무용가 현정숙

б. 사냥꾼과 영양

담딘수렌 작곡

무용가 다쉬돌람Dashdulam, 보로후Buluukhuu, 셉찌드

5. 배우 푸렙도르찌Purevdorj:

a. 바람을 거슬러

예제크Ježek 작곡

б. 강강 홀Gangan khul

몽골 민요.

납티코프Navtiko의 피아노 연주

6. 무용

몽골 민속 춤 비엘게Biyelge

〈최승희 무용소〉 단원들

б. 더르워드족의 비엘게.

〈최승희 무용소〉 단원들

в. '양산도' 무용

국립음악드라마극장 단원

г. '봄 노래' 무용

무용가 다쉬돌람, 발단도르찌Baldandorj

7. 배우 권온한

a. '격퇴와 귀환'

박한규 작곡

б. '저 멀리'

노소프Nosov 작곡

8. '조선의 어머니' 무용극

최승희 창작

〈최승희 무용소〉 단원 8인

2부

1. 아카펠라

a. 홍색 공화국기Magnag usegten tug

롭산샤랍Luvsansharav 작곡

б. 어느 것이 맞을까?

도요드도르찌Doyoddorj 작곡

지휘자 치미드도르찌Chimiddorj

2. 무용

a. 신장 무용

최승희 창작

〈최승희 무용소〉 단원 현정숙, 전황, 조한고

б. 러시아 무용

펠자Pelzaa 창작

국립음악드라마극장의 단원들

3. 초이발산 상을 수상한 국가 공로 배우 촉졸마

a. 스탈린

롭산샤랍Luvsansharav 작곡

б.도라지 타령

북한 민요

в. 학생들의 만찬 노래

오스트롭스키Ostrovsky 작곡

4. 무용

a. 행복한 젊은이

최승희

б. 고전 무용

짜미얀Jamiyan 창작

국립극장발레 여성 무용단

5. 배우 리경팔

a. 파르티잔 노래

박한규 작곡

б. 보로딘의 오페라 '이고르 공公'

6. 북춤

최승희 창작

〈최승희 무용소〉 단원들

7. 배우 유은경

a. '오동 나무' 몽골 민요

б. 오페라 '세비야의 이발사' 中 로지나의 아리아

로시니 작곡

8.북한 국립예술극장 합창단

a. 수흐바타르의 기마병

곤칙솜라Gonchigsumlaa 작곡

б. 조국을 지키고

툴리코프Tulikov 작곡

в. 빛나는 조국

리명산 작곡

г. 법성포 뱃노래

안기옥 작곡

황학균 편곡

가수 윤송남, 김홍길

지휘자 박광우

단국대학교
몽골연구소
학술총서 1

한국전쟁기 북한·몽골의 문화 교류

1952년 최승희와 북한 예술단의 몽골 방문기

조판 1쇄 발행 2025년 11월 21일

기획 단국대학교 부설 몽골연구소
엮어 옮김 오미영 · 샌짜르갈
감수 강준영 · 체렌도르찌

주간 조승연
편집·디자인 오경희 · 조정화 · 오성현 · 신나래 · 박선주 · 정성희
관리 박정대

펴낸이 홍종화
펴낸곳 민속원
창업 홍기원
출판등록 제1990-000045호
주소 서울시 마포구 토정로 25길 41(대흥동 337-25)
전화 02) 804-3320, 805-3320, 806-3320(代)
팩스 02) 802-3346
이메일 minsokwon@naver.com
홈페이지 www.minsokwon.com

ISBN 978-89-285-2149-4 94910
SET 978-89-285-2176-0